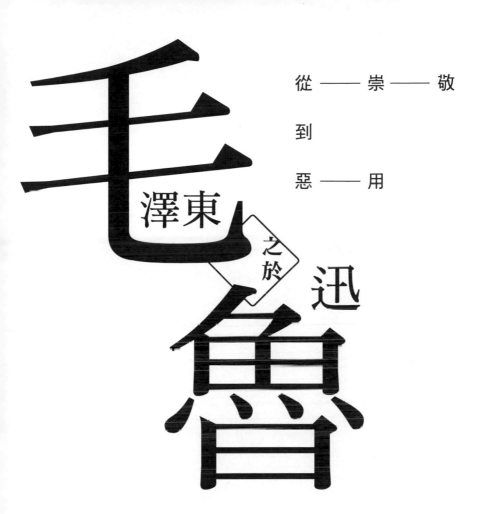

毛澤東之於魯迅

澤東

之於

迅

魯

從——崇——敬
到
惡——用

葉德浴——

著

目　次

壹、

小引

壹、

小引

　　人們談到毛澤東對魯迅的評價時，樂於引用《新民主主義論》中那段把魯迅譽為「中華民族新文化的方向」的話，以為那就是毛澤東給予魯迅的最高的蓋棺論定的評價。其實，事情並非如此。那只是毛澤東在一個特定的時期內的看法，不久之後就把這個評價收回去了。

　　毛澤東對魯迅的態度，大起大落，呈現異常複雜的勢態，折射出毛澤東本人不同時期諸多不同的思想與心理狀態。從1937年毛澤東公開發表對魯迅的看法開始，大致情況可以分為五個階段：

　　第一階段，1937年－1941年，可謂崇敬階段；

　　第二階段，1942年－1948年，可謂變異階段；

　　第三階段，1949年－1955年，可謂貶斥階段；

　　第四階段：1956年－1965年，可謂惡化階段；

　　第五階段，1966年－1976年，可謂惡用階段。

　　容我逐段展開論述。

崇敬階段

（1937-1941）

貳、

崇敬階段（1937-1941）

一

　　毛澤東早年對魯迅的感應和認知，由於史料湮沒，無從查考，只能從1934年末說起。那時，馮雪峰從上海到江西蘇區，與毛澤東有多次接觸。他向毛澤東介紹了魯迅的情況。毛澤東對魯迅不肯去蘇聯而要留在上海堅持對敵鬥爭的態度深為感佩。1935年末長征抵達延安後，毛澤東從陝西第四中學圖書館裏發現有魯迅著作的單行本，在不到兩個月的時間內，讀完了那裏全部魯迅藏書。1936年10月19日魯迅逝世後，中共中央發表的《告全國同胞和全世界人士書》中，稱魯迅為中華民族「最前進最無畏的戰士」，稱「魯迅先生一生的光榮戰鬥事業，做了中華民族一切忠實兒女的模範，做了一個為民族解放、社會解放、為世界和平而奮鬥的文人的模範」。當時毛澤東在前方指揮作戰，不在延安。但《告全國同胞和全世界人士書》對魯迅所作的崇高評價，應該是毛澤東的共識。1937年魯迅逝世一周年，毛澤東在陝北公學紀念大會的講話，是毛澤東第一次直接向大眾亮出他對魯迅的崇敬之情。

　　毛澤東這樣說：

　　　　我們今天紀念魯迅先生，首先要認識魯迅先生，要懂得他在中國革命史中所占的地位。我們紀念他，不僅因為他的文章寫得好，是一個偉大的文學家，而且因為

他是民族解放的急先鋒，給革命以很大的助力。他並不是共產黨組織中的一人，然而他的思想、行動、著作，都是馬克思主義的。他是黨外的布爾什維克。（略）

魯迅是從正在潰敗的封建社會中出來的，但他會殺回馬槍，朝著他所經歷過來的腐敗的社會進攻，朝著帝國主義的惡勢力進攻。他用他那一支又潑辣，又幽默，又有力的筆，畫出了黑暗勢力的鬼臉，畫出了醜惡的帝國主義的鬼臉，他簡直是一個高等的畫家。他近年來站在無產階級與民族解放的立場，為真理與自由而鬥爭。魯迅先生的第一個特點，是他的政治的遠見。他用望遠鏡和顯微鏡觀察社會，所以看得遠，看得真。他在一九三六年就大膽地指出托派匪徒的危險傾向，現在的事實完全證明了他的見解是那樣的準確，那樣的清楚。

魯迅在中國的價值，據我看要算是中國的第一等聖人，孔夫子是封建社會的聖人，魯迅則是現代中國的聖人。（略）

魯迅的第二個特點，就是他的鬥爭精神。剛才已經提到，他在黑暗與暴力的進襲中，是一株獨立支持的大樹，不是向兩旁偏倒的小草。他看清了政治的方向，就向著一個目標奮勇地鬥爭下去，決不中途投降妥協。（略）

魯迅的第三個特點是他的犧牲精神。他一點也不畏懼敵人對於他的威脅、利誘與殘害，他一點不避鋒芒地把鋼刀一樣的筆刺向他所憎恨的一切。他往往是站在戰士的血痕中，堅韌地反抗著、呼嘯著前進。（略）

綜合上述幾個特點，形成了一種偉大的「魯迅精神」。魯迅的一生就貫穿了這種精神。所以，他在文藝上成了一個了不起的作家，在革命隊伍中是一個很老練的先鋒分子。

我們紀念魯迅，就要學習魯迅的精神，把它帶到全國各地的抗戰隊伍中去，為中華民族的解放而奮鬥！（《論魯迅》，《毛澤東文藝論集》中央文獻出版社2002年版，第8-12頁）

　　毛澤東對魯迅的評價，比《告全國同胞和全世界人士書》站得更高，看得更深。

　　毛澤東做出這個講話的時候，全面抗戰的號角剛吹響不久，廣大軍民正在同瘋狂入侵的日寇進行生死搏戰。而聽講的對象陝北公學的學員不久就要奔赴抗戰第一線，從事動員群眾組織群眾的工作。毛澤東的紀念魯迅的講話，通篇強調的是魯迅反帝反封建的戰鬥精神和革命精神，這是必須這樣的。其中有兩處對於魯迅身分定位的論斷，是頗為驚人的。一處是：「他並不是共產黨組織中的一人，然而他的思想、行動、著作，都是馬克思主義的。他是黨外的布爾什維克。」這是從黨員的角度來看取魯迅的。一個黨外人士能夠獲得如此高度的評價，是罕有的。另一處是：「要算是中國的第一等聖人。孔夫子是封建社會的聖人，魯迅則是現代中國的聖人。」聖人，根據傳統的理解，指知行完備至善之人，「才德全盡謂之聖人」。這是從才德的角度來看取魯迅的。一個作家能夠得到如此高度的評價，也是罕見的。從這裏確實反映出毛澤東發自內心的對於魯迅高山仰止的崇敬之情。

　　毛澤東給予魯迅如此崇高的評價，自然是他對魯迅做了研究的結果，但也未始不同魯迅在《答托洛斯基派》中對毛澤東的讚譽有關。魯迅在那封公開駁斥托派的信中這樣提到毛澤東：

你們的「理論」確比毛澤東先生們高超得多，豈但得多，簡直一是在天上，一是在地下。但高超固然是可敬佩的，無奈這高超又恰恰為日本侵略者所歡迎，則這

高超仍不免要從天上掉下來，掉到地上最不乾淨的地方去。因為你們高超的理論為日本所歡迎，我看了你們印出的很整齊的刊物，就不禁為你們捏一把汗，在大眾面前，倘若有人造一個攻擊你們的謠，說日本人出錢叫你們辦報，你們能夠洗刷得很清楚麼？

那切切實實，足踏在地上，為著現在中國人的生存而流血奮鬥者，我得引為同志，是自以為光榮的。（《文學叢報》第4期）

在中國共產黨的真實情況遭受嚴密封鎖的白區，在毛澤東和紅軍遭受反動派妖魔化鬼怪化的白區，魯迅，這位享有極高威望的作家，公開宣告能夠成為毛澤東們的同志是自以為光榮的，這是非同小可的舉措，這不能不使毛澤東在為魯迅定位的時候，起了潛在的催化作用。

到了1940年，在《新民主主義論》中，又一次對魯迅作了高度評價。

魯迅是中國文化革命的主將，他不但是偉大的文學家，而且是偉大的思想家和偉大的革命家。魯迅的骨頭是最硬的，他沒有絲毫的奴顏和媚骨，這是殖民地半殖民地人民最可寶貴的性格。魯迅是在文化戰線上，代表全民族的大多數，向著敵人衝鋒陷陣的最正確、最勇敢、最堅決、最忠實、最熱忱的空前的民族英雄。魯迅的方向，就是中華民族新文化的方向。（《毛澤東選集》，人民出版社1991年版，第2卷，第698頁）

這裏反映了的毛澤東對魯迅的崇敬心情，比1937年又有所提升。

但是，我們也必須看到，這裏描繪的魯迅形象，只是毛澤東心目中的魯迅，與現實中的魯迅並不完全相符。現實中的魯迅，不是以革命家現身，而是以作家（用毛澤東的話，是「文學家」）現身的。所謂「革命家」，是指從事政治革命並有傑出成就的人物。魯迅從事的不是政治革命，不能視為革命家的。科學地說，魯迅根本不是「革命家」。應該說，魯迅是一個思想深邃、富有革命氣魄的偉大的作家，而絕對不是什麼「不但是偉大的文學家，而且是偉大的思想家和偉大的革命家」。毛澤東寫這篇文章的處境和用意，和1937年是截然不同的。1937年是鼓勵陝北公學奔赴抗日第一線；而《新民主主義論》是對歷史進行總結，提出新民主主義的完整理論，描繪出新民主主義社會的藍圖。這是一次科學性要求很高的寫作。他需要在全面的情況下對魯迅作全面的深入的思考。但毛澤東仍然強調魯迅的革命性的一面。這表明了一個事實，毛澤東本人是革命家，他看取魯迅的主要著眼點不能不是「革命性」了。這就決定了他把魯迅首先定位在「革命家」上，其次定位在「思想家」上，對於魯迅主要的作為偉大的作家的一面，不能不放到最次要的位置上了。而對於作為作家的魯迅，他看重的也僅僅是魯迅後期雜文對敵鬥爭的鋒利和深刻。對於魯迅前期雜文，他就不是那麼佩服了。這從他反覆強調魯迅後期雜文沒有片面性，一再鼓勵人們讀魯迅後期雜文的言談中明顯地表露出來。對於魯迅前期的小說，毛澤東也不看好。1939年給周揚的信中說：魯迅表現農民看重其黑暗面，封建主義的一面，忽略其英勇鬥爭、反抗地主、即民主主義的一面，這是因為他未曾經驗過農民鬥爭之故。」（《致周揚》，《毛澤東文藝論集》，人民文學出版社版，第259頁）魯迅小說著重的是由於長期的封建統治造成國民性的痼疾，民族的精神奴役的創傷，極其深刻地體現了魯迅以民族之痛為己痛的博大的人道主義思想。革命家的毛

澤東看不到這個，只認為魯迅「看重其黑暗面」而予以貶抑，認為只有寫農民「英勇鬥爭、反抗地主」的一面才有意義。

無論在對魯迅前期雜文和前期小說的認識上，都反映了毛澤東的革命家的本質特徵。表明了用革命家的眼光看客觀事物，不免出現與事實不相符的偏頗。但這是他作為革命家的心理本質的自然流露，不是矯情。

在《新民主主義論》中，毛澤東把魯迅稱做「民族英雄」，也是不科學的。只要看看這段話的前面幾句就明白了。有關文句如下：

> 由於中國政治生力軍即中國無產階級和中國共產黨登上了中國的政治舞臺，這個文化生力軍，就以新的裝束和新的武器，聯合一切可能的同盟軍，擺開了自己的陣勢向著帝國主義文化和封建文化展開了英勇的進攻。這支生力軍在社會科學領域和文學藝術領域中，不論在哲學方面，在經濟學方面，在政治學方面，在軍事學方面，在歷史學方面，在文學方面，在藝術方面（又不論是戲劇，是電影，是音樂，是雕刻，是繪畫），都有了很大的發展。二十年來，這個文化新軍的鋒芒所及，從思想到形式（文字等），無不起了極大的革命。其聲勢之浩大，威力之猛烈，簡直是所向無敵的。其動員之廣大，超過中國任何歷史時代。而魯迅，就是這個文化新軍的最偉大和最英勇的旗手。（《毛澤東選集》第2卷第697-698頁）

這表明，魯迅不僅是反對帝國主義的文化戰士，而且是反對封建主義的文化戰士。因此，十分明顯，中華民族新文化的方向，不能只是徹底的反對帝國主義的，必須同時是徹底的反對封建主義的。說魯迅「沒有絲毫的奴顏和媚骨」是「殖民地

半殖民地人民最可寶貴的性格」，也是不全面的。魯迅「沒有絲毫的奴顏和媚骨」，不僅表現在反對帝國主義的鬥爭上，而且表現在反對封建主義的鬥爭上。這就不僅僅是「殖民地半殖民地人民最可寶貴的性格」，也是半封建的中國人民的最可寶貴的性格了。由於魯迅不僅是反對外敵的戰士，而且是反對國內封建主義的戰士，因此，把魯迅定位為「民族英雄」也是很片面的了。

毛澤東這句話更正確的說法應該是：「魯迅的骨頭是最硬的，他沒有絲毫的奴顏和媚骨，這是殖民地半殖民地半封建社會人民最可寶貴的性格。魯迅是在文化戰線上，代表全民的大多數，向著國內外敵人衝鋒陷陣的最正確、最勇敢、最堅決、最忠實、最熱忱的傑出的戰士。魯迅的方向，就是中華民族新文化的方向。」

儘管存在上面這些不當之處，但這個評價確實是如實地反映了毛澤東對魯迅的崇敬心情的，這是無可懷疑的。

1942年2月8日，延安整風時，毛澤東在《反對黨八股》的報告中指定了四篇學習文件：《聯共黨史》中有關列寧怎樣做宣傳的論述，季米特洛夫在共產國際第七次大會的報告中要求用戰士的語言和群眾講話的論述，魯迅的《答北斗雜志社問》，毛澤東在六屆六中全會報告中有關廢止洋八股的論述。一個黨外人士的文章竟然拿來作為黨內整風的學習文件，與列寧、季米特洛夫、毛澤東本人並列，這一舉措是破天荒的，也是只有毛澤東才做得出的。

毛澤東這些講話、文章、舉措，都具有極鮮明的現實功利性。但它們是符合歷史的要求的。符合歷史要求的現實功利性，不僅是無可非議的，而且是必要的，有利於革命，有利於人民的。毛澤東在《講話》中有一段有關現實功利性的話說得很深刻：「我們是無產階級的革命的功利主義者，我們是以

占全人口百分之九十以上的最廣大群眾的目前利益與將來利益的統一為出發點的，所以我們是以最廣與最遠為目標的革命的功利主義者，而不是只看到局部與目前的行為主義的功利主義者。」（《毛澤東選集》第3卷第864頁）這段話，可以作為毛澤東這一階段對魯迅崇敬的現實功利性的詮釋。

二

　　毛澤東讚魯迅為「中國的第一等聖人」，讚魯迅為「空前的民族英雄」，都是根據他從魯迅後期雜文那裏得到的感應和認知。毛澤東對魯迅前期雜文是不感興趣的，甚至有很大抵觸情緒。毛澤束用他那特殊的革命眼光看魯迅，魯迅前期雜文中許多重要思想他是絕對不能認同的。如，魯迅前期著力宣揚的改造國民性的啟蒙主義思想，毛澤東就無法接受。然而，這正是魯迅思想寶庫中最可寶貴的精華。它不僅體現在魯迅前期雜文和小說中，而且一以貫之，鮮明地體現在魯迅後期的雜文和小說中。不妨舉幾個例子。

　　1928年4月6日，《申報》報道了反動派在長沙殺害四位共產黨員的消息。反動派把三名女黨員的屍體放在北門教育會前，把郭亮的首級掛在司門口上，全城男女往觀者，終日人山人海，擁擠不通。魯迅讀後，在文章中說：

　　　　我一讀，便彷彿看見司門口掛著一顆頭，教育會前列著三具不連頭的女屍。而且至少是赤膊的，──但這也許我猜得不對，是我自己太黑暗之故。而許多「民眾」，一批是由北往南，一批是由南往北，擠著，嚷著……。再添一點蛇足，是臉上都表現著或者正在神往，或者已經滿足的神情。

我臨末還要揭出一點黑暗，是我們中國現在（現在！不是超時代的）的民眾，其實還不很管什麼黨，只要看「頭」和「女屍」。只要有，無論誰的都有人看。拳匪之亂，清末黨獄，民二，去年和今年。在這短短的二十年中，我已經目睹或耳聞了好幾次了。（《鏟共大觀》，《魯迅全集》，人民文學出版社1981年版，第4卷第105-106頁）

這是對於廣大群眾的廣大的愚昧和麻木何等痛心的感慨！改造國民性的啟蒙要求何等憂心如焚的表露！

再看魯迅寫於1935年的小說《采薇》。

伯夷、叔齊反抗周文王的不義，不食周粟，跑到首陽山自力更生，挖野菜為生。這卻引來大批村民圍觀：

不但村裏時常講到他們的事，也常有特地上山來看他們的人。有的當他們名人，有的當他們怪物，有的當他們古董。甚至於跟著看怎樣采，圍著看怎樣吃，指手畫腳，令人頭昏。

後來連小姐太太，也有幾個人來看了，回家去都搖頭，說是「不好看」，上了一個大當。（《魯迅全集》第2卷第408頁）

這又是對於庸眾的愚昧和麻木何等痛烈的鞭撻！

僅從上面兩個例子就可以看出。當年導致魯迅棄醫從文的那張日俄戰爭的畫片，給予魯迅的刺激是怎樣成為他一生改造國民性要求的核心情結。那張畫片展示的是，一個無辜的中國老百姓被日本軍認為是俄國軍方的間諜，正要被日軍砍頭。四周圍著的是來鑒賞示眾的中國人。（日俄戰爭是在中國遼東半島進行的）

上面兩個例子所鞭笞的庸眾鑒賞被殺害的革命者的屍體和頭顱，鑒賞不食周粟的伯夷叔齊，何等富有特徵地反映了那張畫片給予魯迅的刺激是怎樣的至深至巨。它雄辯地表明了，對於國民性改造的啟蒙主義要求，不僅僅是魯迅前期的主要思想，而且也是魯迅後期思想的一個重要的組成部分。無視這個重要部分，就無以認識魯迅後期思想的全貌。然而，毛澤東恰恰對此視而不見。因此，毛澤東對於魯迅後期思想的認知，也不能不是相當片面的了。

毛澤東對魯迅前期思想的積極意義毫無認識，對魯迅後期思想的積極意義也只認識到一部分，毛澤東對魯迅的認識究竟如何，不言自明了。

我們在肯定毛澤東對魯迅崇敬的同時，不應該無視毛澤東的這　嚴重的局限。

變異階段

（1942-1948）

變異階段 (1942-1948)

一

　　1942年5月2日開始，在毛澤東親自主持下，召開了「延安文藝座談會」。

　　為什麼召開這個座談會，黎辛在《延安文藝座談會相關的人與事》中，摘引當時的《黨務廣播》作如下介紹：

> 「在延安集中了一大批文化人，脫離工作，脫離實際，加以國內政治環境的沉悶，物質條件困難的增長，某些文化人對革命認識的模糊觀點，內奸破壞分子的暗中作祟，於是延安文化人中暴露出許多嚴重問題。」「有人想把藝術放在政治之上，或者脫離政治。」「有人以為作家可以不要馬列主義的立場、觀點，或者以為有了馬列主義的立場、觀點就會妨礙寫作。」「有人主張對抗戰與革命應『暴露黑暗』，寫光明就是公式主義（所謂歌功頌德），還是『雜文時代』（即主張用魯迅對敵人的雜文來諷刺革命）一類口號也出來了。代表這些偏向的作品，在文藝刊物甚至黨報上都盛極一時。」於是「中央特召開文藝座談會」，「上述的這些問題都在毛主席的結論中得到了解決」。（《新文學史料》2012年第3期）

會議的主旨，就在於整頓根據地文藝界上述思想問題，並確定黨的文藝方針。

　　為推動座談的深入，在毛澤東的指示下，5月12、14、19、20四天，《解放日報》副刊版特闢「馬克思主義與文學」專欄，陸續發表了恩格斯、列寧、拉法格的文章和魯迅的《對於左翼作家聯盟的意見》。魯迅這篇文章發表在5月19日《解放日報》第四版頭題位置。文章前面加了編者按：「這是1930年3月20日魯迅先生在左翼作家聯盟成立大會上的講話，其中對於左翼作家與知識分子的針砭，對於文藝戰線的任務，都是說得很正確的，至今完全有用。今特重載於此，以供同志們的研究。」魯迅的文章是由毛澤東處送來的。編者的按語可能不是毛澤東寫的，但是毛澤東授意寫的卻是可以肯定的。「其中對於左翼作家與知識分子的針砭，對於文藝戰線的任務，都是說得很正確的，至今完全有用。」針對性點得清清楚楚。魯迅的《對於左翼作家聯盟的意見》，核心意見就是闡述「左翼作家是很容易成為右翼的」。延安文藝座談會召開的一個目的，就是整頓文藝界思想「混亂」的情況。發表魯迅的文章，意思無非是告誡這些同志，你們不要自以為是「左翼」作家，你們已經滑到「右翼」的邊緣了，快從魯迅的這篇文章中得到大喝一聲的清醒罷。

　　毛澤東在前一個階段發表的文章裏，強調的是學習魯迅的對敵鬥爭的精神。從1942年開始，強調的是作家的自我改造。必須看到，《黨務廣播》指認的那些錯誤思想，有許多是打中要害的，請魯迅出來幫忙清理那些確實錯誤的思想傾向，無可厚非；但有一些並非錯誤的思想卻把它們作為錯誤思想來打的，請魯迅出來幫忙整頓，現實功利性的動機就不是值得稱道的了。

　　尤其是，毛澤東在座談會的結論中把「還是雜文時代」當作一大錯誤觀點來批判，事實上宣告了他和魯迅融洽無間關係的終結。

毛澤東這樣批判了「還是雜文時代，還要魯迅筆法」的觀點：

　　「還是雜文時代，還要魯迅筆法。」魯迅處在黑暗勢力統治下面，沒有言論自由，所以用冷嘲熱諷的雜文形式作戰，魯迅是完全正確的。我們也需要尖銳地嘲笑法西斯主義、中國的反動派和一切危害人民的事物。但在給革命文藝家以充分民主自由，僅僅不給反革命分子以民主自由的陝甘寧邊區和敵後的各抗日根據地，雜文形式就不應該簡單地和魯迅一樣。我們可以大聲疾呼，而不要隱晦曲折，使人民大眾不易看懂。如果不是對於人民的敵人，而是對於人民自己，那末，「雜文時代」的魯迅，也不曾嘲笑和攻擊革命人民和革命政黨，雜文的寫法也和對於敵人的完全兩樣。對於人民的缺點是需要批評的，我們在前面已經說過了，但必須是真正站在人民的立場上，用保護人民、教育人民的滿腔熱情來說話。如果把同志當作敵人來對待，就是使自己站在敵人的立場上去了。我們是否廢除諷刺？不是的，諷刺是永遠需要的。但是有幾種諷刺：有對付敵人的，有對付同盟者的，有對付自己隊伍的，態度各有不同。我們並不一般地反對諷刺，但是必須廢除諷刺的亂用。（《毛澤東選集》第3卷第872頁）

　　由於無法見到現場發言的記錄，這裏用的是第二年公開發表的文字。據瞭解情況的同志說，公開發表的文字與現場的發言無大差異，只是在各部分的位置上作了些調整。因此，我認為，用公開發表的這段文字作為毛澤東現場的發言來分析，是可以的。

「還是雜文時代，還要魯迅筆法」。座談會召開以前，持有這一觀點的作家不只一個。但最有代表性的，應該是丁玲。根據黎辛介紹，胡喬木曾說：「座談會當時主要是圍繞兩個人，頭一個是蕭軍，另一個是丁玲。」（《延安文藝座談會相關的人與事》，《新文學史料》2012年第3期）丁玲之被作為重點批判對象，在於她在1941年10月23日《解放日報》發表了《我們需要雜文》，不久又發表了《三八節有感》。

在《我們需要雜文》中，她說了這麼一通驚人的話：

> 魯迅先生寫雜文時曾經被很多「以己之短輕人所長」的文人們輕視過，曾經被人罵過是寫不出小說才寫雜文的。然而現在呢，魯迅先生的雜文成了中國最偉大的思想武器，最輝煌的文藝作品，而使人卻步了。
>
> （略）
>
> 現在這一時代仍不脫離魯迅先生的時代，貪污腐化，黑暗，壓迫屠殺進步分子，人民連保衛自己的抗戰自由都沒有，而我們卻只會說：「中國是統一戰線的時代呀！」我們不懂得在批評中建立更鞏固的統一，於是我們放棄了我們的責任。
>
> 即使在進步的地方，有了初步的民主，然而這裏更需要督促，監視，中國的幾千年來的根深蒂固的封建惡習，是不容易鏟除的，而所謂進步的地方，又非從天而降，它與中國的舊社會是相連接著的。而我們卻只說這裏是不宜於寫雜文的，這裏只應反映民主的生活，偉大的建設。
>
> 陶醉於小的成功，諱疾忌醫，雖也可說是人之常情，但卻只是懶惰和怯弱。
>
> 魯迅先生死了，我們大家常常說紀念他要如何如何，可是我們卻缺乏學習他的不怕麻煩的勇氣。今天我

們以為最好學習他的堅定的永遠的面向著真理;為真理而敢說,不怕一切。我們這時代還需要雜文,我們不要放棄這一武器。舉起它,雜文是不會死的。

這段話可謂通篇是刺,刺向害怕魯迅雜文傳統的決策中樞。最後一呼,更是捍衛魯迅雜文傳統的戰鬥號召了。

作為宣言的實踐,她在1942年3月9日《解放日報》發表了《三八節有感》。這篇雜文是寫得十分克制十分隱忍的。只要看看蕭軍日記提供的情況就不難知道了。

蕭軍1941年6月24日日記:

> 下午去看芬,在醫院中我聽到了很多醜惡的事情!①李伯釗自帶小鬼,每天做飯五次,罐頭、牛乳、雞蛋、香腸等應有盡有,饅頭也是白的。②據小鬼說,楊尚昆買雞蛋總是成筐的,每天早晨以牛乳、雞蛋、餅乾代早餐。③毛澤東女人生產時,不獨自帶看護,而且門前有持槍衛兵。產後大宴賓客。去看病人時,總是坐汽車一直開進去,並不按時間。(《蕭軍全集》,華夏出版社2008年版,第18卷第449-450頁)

1941年7月9日日記提供的又一方面的事實。蕭軍這天接到愛人王德芬從產科醫院托人捎來的通知,她已經開始陣痛了,而且已經流了一小塊血,要他快去。帶著介紹信,不然也許不讓進來。毯子,雞蛋,一小瓶豬油,一小瓶蜂蜜,一起帶去。蕭軍送去了。好不容易經過傳達室,經過了秘書處的允許上去了。她同住的那個麻臉女人告訴蕭軍她已經生產,現在產房,是個男孩。他走進護士辦公室,提出要看望產婦的要求。卻遭到醫生的拒絕。於是發生了衝突:

「誰讓你這時候來的？」

「產婦。」

「下午二點到四點才能看……」

「好，我很尊重你們醫生的規定，不過我是問問產婦的經過而已。」我有些為他這無理而憤怒了，加上芬過去曾提過他，潛意識對他有一種憎惡，他似乎不認識我。

「你到秘書處去問！」

「又不是他們收的生，他們怎麼能知道！」

「凡是產婦沒有變態，我們全不通知他們家屬的，省得麻煩……你還是下午再來……」

「我來回很遠，我要等在這裏……」

「這不是你等的地方……」

他也許錯會了我的意思，以為我就等在他們那裏，他才更顯得威嚴而無理的樣子，加上一些看護底亂嚷叫，我不能忍耐了，聲音也大了起來，於是我們開始了爭吵。他站起來走向我，我也向前走了一步，用一隻眼睛藐視地看著他──這是一個粗眉毛，三角眼，有點勾鼻，壞蛋樣的人──我問他：

「你想怎麼樣？」

「你想怎麼樣？」

「你想怎麼樣？」在無理智的互吵中，終於沒打起來。（下文寫，那個醫生在吵架後立即向院方提出辭職。他是從紅十字會請來的，醫院裏唯一的醫生，離開他醫院就玩兒不轉。迫於壓力，蕭軍只好讓步，寫了一封向對方道歉的信，把錯誤全部攬到自己身上。限於篇幅，不具引。）（《蕭軍全集》，第18卷，第461-462頁）

一方是一日五餐，罐頭、牛乳、雞蛋、香腸等應有盡有；一方是自家養的雞生的幾個雞蛋、一小瓶豬油、一小瓶蜂蜜。一方是自帶看護或小鬼，甚至門前有持槍衛兵；一方是全得看那幾個院方護士的臉色。一方是隨時可以看望產婦；一方是不到下午兩點休想入內。一方是產後大宴賓客；一方是產後被迫檢討。兩種情況，兩個天地。

　　丁玲在《三八節有感》僅僅這樣寫：

> 她們都得生小孩。小孩也有各自的命運：有的被細羊毛線和花絨布包著，抱在保姆的懷裏，有的被沒有洗淨的布片包著，扔在床頭啼哭，……

　　當時，丁玲和蕭軍過從甚密，正如蕭軍在給胡風信中所說，「我們每天總要幾次見面，談談天」。（《蕭軍全集》第18卷第352頁）蕭軍從他愛人王德芬那裏聽到的情況，以及他自身遭遇的情況，肯定會向丁玲透露。但是這些情況都沒有在丁玲筆下再現，只寫了小孩出生後的不同命運：一種是，「被細羊毛線和花絨布包著，抱在保姆的懷裏」；一種是，「被沒有洗淨的布片包著，扔在床頭啼哭」。所謂「保姆」，就是自己帶的看護或小鬼。沒有資格自帶看護或小鬼的，她們的嬰兒自然只有「被沒有洗淨的布片包著，扔在床頭啼哭」了。看了蕭軍的日記，可以知道丁玲是寫得十分克制、十分委婉的，對延安現實生活中不合理的一面給以很大的淡化處理。顧大局的精神十分可貴。

　　再看蕭軍1940年8月19日、1942年3月20日日記提供的事實：

> 她是陝北人，她的丈夫是共產黨的中級幹部，結婚了二十年，他的丈夫要拋棄她，她一天把她的丈夫找來說：

「聽說你要戀愛了，你要戀愛就結婚，我不反對，我反對打游擊……」她的丈夫向她提出離婚了，她說：「好的，你要找幾個朋友來，要他們證明我，並不是我打游擊……」朋友們找來了，這些朋友也全是丟了舊老婆討新老婆的人。（《蕭軍全集》第18卷第279頁。著重號是引者所加。）

近來為了蕭勁光底離婚，（略）郭化若底離婚等，這幾乎成了近來新聞底高潮。（《蕭軍全集》第18卷第585頁）

丁玲在《三八節有感》是這樣寫的：

離婚的問題也是一樣。大抵在結婚的時候，有三個條件是必須注意的：一、政治上純潔不純潔；二、年齡相貌差不多；三、彼此有無幫助。雖說這三個條件幾乎是人人具備（公開的漢奸這裏是沒有的。而所謂幫助也可以說到鞋襪的縫補，甚至女性的安慰），但卻一定堂皇的考慮到。而離婚的口實，一定是女同志的落後。我是最以為一個女人自己不進步而還要拖住他的丈夫為可恥的。可是讓我們看一看她們是如何落後的。她們在沒有結婚前都抱著有凌雲的志向，和刻苦的鬥爭生活，她們在生理的要求和「彼此幫助」的密語之下結婚了，於是她們被逼著做了操勞的回到家庭的娜拉。她們也惟恐有「落後」的危險，她們四方奔走，厚顏的要求托兒所收留她們的孩子，要求刮子宮，寧肯受一切處分而不得不冒著生命的危險悄悄的去吃墮胎的藥。而她們聽著這樣的回答：「帶孩子不是工作嗎？你們只貪圖舒服，好高務遠，你們到底作過一些什麼了不起的工作！既然這

樣怕生孩子，生了又不肯負責，誰叫你們結婚呢？」於是她們不能免除「落後」的命運。一個有了工作能力的女人，而還能犧牲自己的事業去作為一個賢妻良母的時候，未始不被人所歌頌，但在十多年之後，她必然也逃不出「落後」的悲劇。即使在今天以我一個女人去看，這些「落後」分子，也實在不是一個可愛的女人。她們的皮膚開始有褶皺，頭髮在稀少，生活的疲憊奪取她們最後的一點愛嬌。她們處於這樣的悲運，似乎是很自然的。但在舊的社會裏，她們或許會被稱為可憐，薄命，然而在今天，卻是自作孽、活該。不是聽說法律上還在爭論著離婚只須一方提出，或者必須雙方同意的問題麼？離婚大約多半是男子提出的，假如是女人，那一定有更不道德的事，那完全該女人受詛咒。

蕭軍1940年10月3日和9月18日日記提供的事實：

高級的人可以依仗自己的地位等優越條件，對同志的女人實行引誘，常常是一個庸俗的意志薄弱的，情操卑下的女人被掠奪去了！男人便陷在無涯的苦痛裏！這例子是很多的。我預備將來寫一篇小說名字定為《墳前》，以此為題材暴露這種可恥的東西。故事：一對革命青年男女追求革命，千辛萬苦來到延安，不幸女孩子被引誘嫁一首長，男孩被派前線工作，總因情緒不好，受傷或病回延安，一天看見他愛的女人騎馬看戲，墮落成一個家庭女人……他感到虛無……一天警報來，別人全跑了，只有他不跑……結果炸死。女人到墳前去看而自殺……。（略）我一定要深刻地寫一寫這些革命的流氓！（《蕭軍全集》第18卷第337頁）

有些情人和丈夫怨恨著邊區占有了他們的情人和老婆，不是說沒有理由的，這力量對於革命也是一個可怕的反撥！共產黨人的德性是建立的日子了。關於這些問題，我預備歸納起來寫一篇小說：《蹲在革命利益上肥胖著自己的動物們》！他們利用革命特殊的地位占有下級的女人，這現象是很普遍的，他們利用女人還沒強健起來的弱點！──虛榮和享受──。中國人小私有享受的根性特別濃厚的。官僚主義也特別濃厚！有一寸水就要行一隻船！（《蕭軍全集》第18卷第308頁）

《三八節有感》的最後，向女人提出四點企望。第三條是：

　　每說一句話，每作一件事，最好想想這話是否正確？這事是否處理的得當？不違背自己作人的原則，是否自己可以負責？只有這樣才不會有後悔，這就是叫通過理性；這才不會上當，被一切甜蜜所蒙蔽，被小利所誘；才不會浪費熱情，浪費生命，而免除煩惱。

　　丁玲說得很概括很婉轉，看了蕭軍的日記，才知道被騙被誘的女人她們要付出多麼慘痛的代價。
　　丁玲的這一段文章是為女人橫遭遺棄而發的不平之鳴。「丟了舊老婆討新老婆的」總會找到冠冕堂皇的理由，幾條法律條文是限制不了的。丁玲提到了女人被丈夫認為「落後」的一個重要原因，年未老色已衰。這不從男人為人的品德著手治療，法律是無能為力的。
　　參閱蕭軍日記讀丁玲《三八節有感》，可以明確地認識到丁玲這篇雜文的矛頭指向，它是對著延安的高級幹部去的。

雜文發表後不久，毛澤東親自主持的高級幹部整風學習會把她「請」去，對她進行了火力集中的批判，說明丁玲的這篇雜文是打到了不少高級幹部的痛處的。在強大的政治壓力下，丁玲做出檢討：「儘管我灌注了血淚在那篇文章中，安置了我多年的苦痛和寄予了熱切的希望，但那篇文章本身仍舊表示了我只站在一部分人身上說話而沒有站在全黨的立場說話」。（《文藝界對王實味應有的態度及反省》，《解放日報》1942年6月16日）丁玲在80年代寫的文章中談到這篇雜文，說自己「缺少考慮，思想太解放，信筆所至，沒有想到這將觸犯到什麼地方去」。（《延安文藝座談會的前前後後》，《丁玲文集》，湖南人民出版社1984年版，第5卷，第279頁）透出對於權力擁有者的諸多感慨諸多無奈。

事實上，丁玲的這篇雜文是站在革命根據地弱勢群體的立場，站在革命根據地被侮辱被損害的廣大婦女的立場上寫的。是真正的無產階級立場。由於它和革命根據地少數官僚階層對立，不能不被認為是毒草了。

毛澤東在《講話》中對以丁玲為代表的「還是雜文時代」的批判，實際上是明確無誤地宣告魯迅的雜文傳統應該終結了。

這年10月18日，延安各界在中央大禮堂舉行紀念魯迅逝世六周年活動。大會不在19日進行，提前一天進行，原因何在，不得而知。這次大會和過去有兩大不同。

第一個不同，大會不是單獨紀念魯迅，同時追悼前方犧牲的蔣弼等人。搞得不倫不類。實際上是降低了紀念魯迅的規格。

第二個不同，禮堂內外貼的兩條標語，那內容是前所未見的：

　　　　我解剖自己並不比解剖別人留情面。
　　　　由於事實的教訓，明白了唯有新興的無產階級，才有將來。

魯迅，由對敵鬥爭的楷模一變而為自我改造的楷模！

這年五月，毛澤東在座談會上對魯迅雜文傳統的批判，實際上是對魯迅傳統全面否定的開始。十月開的這個不倫不類的紀念會，兩條別具一格的標語，是全面否定的進一步升級。

當初，是毛澤東親自把魯迅請上神壇，現在，也將由毛澤東親自把魯迅請下神壇了。這就是毛澤東的辯證法。

二

「魯迅的方向，就是中國新文化的方向」，這是毛澤東1940年在《新民主主義論》中提出的。到了1943年魯迅逝世7周年的日子，決策者以極奇特的方式宣布，這句話已經失去時效了。

1943年10月19日，是魯迅逝世7周年的日子。這一天，《解放日報》用了整個第一版、半個第二版和整個第四版的篇幅，極其隆重地發表了毛澤東的《在延安文藝座談會上的講話》全文。《講話》前面加了編者寫的前言：「今天是魯迅先生逝世7周年紀念，我們特發表毛澤東同志1942年5月在延安文藝座談會上的講話，以紀念這位中國文化革命的最偉大與最英勇的旗手。」黎辛如是回憶：「我清楚記得，是1943年10月15日，博古突然笑嘻嘻地把《講話》全文拿到副刊部辦公室，說，毛主席今天派人送來了他在文藝座談會上的講話稿，準備在紀念魯迅逝世七周年發表。（略）《在延安文藝座談會上的講話》標題後面，正文前加有『按語』，是《講話》送來前已經寫好的。」（《延安文藝座談會相關的人與事》，《新文學史料》2012年第3期）這段史料無比明確地告訴我們，《講話》發表的日期是毛澤東親自確定的，按語也是毛澤東親自安排的。必須指出，毛澤東此事做得太不像話了。延安文藝座談會是在1942年5月召開

的，毛澤東的講話是在當時的會上做出的，經過一年多時間的慎重修改整理才公開出來，表明這個《講話》早幾天發晚幾天發都是可以的，完全沒有必要趕在魯迅逝世7周年的日子發。而且，當時正處在所謂「搶救失足者運動」的高潮中，大批文藝工作者都被認作「敵特分子」，有的關在黑窯裏，有的在集中的營地進行懲罰性的勞動，沒有問題的也不許隨便走動隨便串門子。整個延安處在一級軍事戒嚴狀態。在這樣極不正常的條件下發表《講話》，能起什麼作用呢？能組織大家學習？能要求大家深入工農兵？豈非和人們開玩笑？毛澤東偏偏要在這樣的時候，而且選定10月19日這個日子發表這個《講話》，擠掉了應該有的紀念文章，用《講話》來紀念魯迅逝世七周年，這個奇特的做法，用意太明顯了，就是要確立毛澤東文藝思想的絕對統治地位，宣告魯迅時代的終結。在他眼中，他的《講話》的發表，是中國革命文學運動中劃時代的創舉；《講話》的發表，意味著以毛澤東文藝思想為標誌的革命文學運動新時代的開始，怎麼還能讓魯迅占據一席位置呢。

10月19日正式公布了《講話》全文，20日，中央學委發出通知：「《解放日報》10月19日發表的延安文藝座談會的講話，是中國共產黨在思想建設、理論建設事業上最重要的文獻之一，是毛澤東同志用通俗的語言所寫的馬列主義中國化的教科書，此文件決不是單純的文藝理論問題，而是馬列主義普遍真理的具體化，是每個共產黨員對待任何事物應具有的階級立場，與解決任何問題應具有的辨證唯物主義歷史唯物主義思想的典型示範。」11月7日，中共中央宣傳部發出《關於執行黨的文藝政策的決定》，更明確指出：「10月19日《解放日報》發表的毛澤東同志《在延安文藝座談會上的講話》，規定了黨對現階段中國文藝運動的基本方針。」既然《講話》「規定了黨對現階段中國文藝運動的基本方針」，既然《講話》「決不是

單純的文藝理論問題」，「是每個共產黨員對待任何事物應具有的階級立場，與解決任何問題應具有的辯證唯物主義歷史唯物主義思想的典型示範」，不言而喻，魯迅的精神傳統必須讓位了。何況，《講話》還直截了當地嚴厲批評了「還是雜文時代，還要魯迅筆法」的觀點，對魯迅的體現了獨立人格獨立意志的雜文傳統進行了明確無誤的非難，明顯不過地昭示了《講話》的精神與魯迅精神的對立。

用《講話》的發表來紀念魯迅逝世七周年，這個異乎尋常的舉措無比明確地昭告了，作為「中國新文化的方向」的，已經不是魯迅徹底反帝反封建的方向所能包容的了，而必須大樹特樹「每個共產黨員對待任何事物應具有的階級立場，與解決任何問題應具有的辯證唯物主義歷史唯物主義思想的典型示範」的毛澤東的《講話》了。

果然，1943年起，延安就不再在魯迅逝世紀念日那天召開紀念會。「魯迅」實際上更被放到一個與主流話語相對立的地位上去了。

這一年公開發表的《講話》與一年前的發言比較，有一個突出表現：否定魯迅是文藝戰線的「總司令」。

1942年5月2日毛澤東在會上作的「引言」中說：「現在我們文武兩支軍隊，以魯迅為總司令的和以朱德為總司令的兩支兄弟軍隊，已經衝破反動派的封鎖，在這裏會師了。」（公木《魯迅總司令麾下的列兵》，《新文學史料》1992年第一期）5月28日文藝座談會結束之後在《要同工農兵結合》中又說：「文藝是一支軍隊，它的幹部是文藝工作者。它還要有一個總司令，如果沒有總司令，它的方向就會錯的。魯迅、高爾基就相當於總司令，他們的作品，他們說的話，就當作方向的指導。」（《要同工農兵結合》，《毛澤東文藝論集》，第94頁）1943年《講話》正式發表時，把「我們文武兩支軍隊，以魯迅為總司令的和以朱德為總

司令的兩支兄弟軍隊」，改為「手裏拿槍的軍隊」和「文化的軍隊」。這意味著，毛澤東才是兩支軍隊的總司令。既不能把「手裏拿槍的軍隊」的總司令讓位給朱德，也不能把「文化的軍隊」的總司令讓位給魯迅。不然，毛澤東不是成了空軍司令了嗎？

毛澤東在《講話》中還號召學習魯迅的精神。有關文字如下：

> 魯迅的兩句詩，「橫眉冷對千夫指，俯首甘為孺子牛」，應該成為我們的座右銘。「千夫」在這裏就是說敵人，對於無論什麼兇惡的敵人我們決不屈服。「孺子」在這裏就是說無產階級和人民大眾。一切共產黨員，一切革命家，一切革命的文藝工作者，都應該學魯迅的榜樣，做無產階級和人民大眾的「牛」，鞠躬盡瘁，死而後已。（《解放日報》1943年10月19日）

毛澤東在《講話》中指出，「無產階級的文學藝術是無產階級整個革命事業的一部分，如同列寧所說，是整個革命機器中的『齒輪和螺絲釘』，因此，黨的文藝工作，在黨的整個革命工作中的位置，是確定了的擺好了的；是服從於黨在一定時期內所規定的革命任務的。」這就無比明確地昭示了，所謂「做無產階級和人民大眾的『牛』」，就是要大家做共產黨的馴服工具。魯迅的原意實際上完全被歪曲了。

善於緊跟偉大戰略部署的周揚，編出了《馬克思主義與文藝》一書，並寫了長達萬言的《序言》。這本書選輯了馬克思、恩格斯、普列漢諾夫、列寧、斯大林（臺灣譯「史達林」）、高爾基、魯迅和毛澤東有關文藝的意見。毛澤東的意見放在最後，是要說明毛澤東的文藝思想超過了所有的前賢。這裏摘錄幾個片段看看：

毛澤東同志的《在延安文藝座談會上的講話》給革命文藝指示了新方向，這個講話是中國革命文學史、思想史上的一個劃時代的文獻，是馬克思主義文藝科學與文藝政策的最通俗化、具體化的一個概括，因此又是馬克思主義文藝科學與文藝政策的最好的課本。

貫徹全書的一個中心思想是：文藝從群眾中來，必須到群眾中去。這同時也就是毛澤東這部講話的中心思想，而他的更大貢獻是在最正確最完全地解決了文藝如何到群眾在去的問題。

毛澤東同志的《在延安文藝座談會上的講話》最正確、最深刻、最完全地從根本上解決了文藝為群眾與如何為群眾的問題。他把列寧的原則具體化了，豐富了它的內容，使它得到了輝煌的發展。他解決了中國革命文藝運動的許多根本問題，首先是明確地全面地解決了革命作家人生觀的問題，並且把這問題作為全部文藝的出發點，同時這個問題的提出和解決，恰是糾正了過去革命作家對於這個問題的疏忽和不理解。

一、什麼叫做「大眾化」？
二、提高與普及的關係。
三、如何表現新的群眾的時代。

這三個問題我們過去從沒有解決過，至少沒有完全解決過，有的甚至從沒有提出來過。這三個問題解決了，就解決了革命文藝的基本原則，基本方針。

> 毛澤東同志作了關於「大眾化」的完全新的定義：大眾化「就是文藝工作者自己的思想情緒應與工農兵大眾的思想情緒打成一片」。這個定義是最正確的。

> 不論是高爾基，或魯迅，都沒有把普及與提高的相互關係從理論上最有系統地全地加以解決；對於這個問題的解決，毛澤東同志是有很大功勞的。（《馬克思主義與文藝》，解放社1949年版，第1、2、8、9、12、17頁）

一句話，《講話》發表以前所有革命家和革命作家的文藝思想，都過時了。魯迅的文藝思想也落後了，應該靠邊站了，必須讓毛澤東的文藝思想獨領風騷了。

周揚寫出《序言》，連同書稿一起送給毛澤東。毛澤東閱後，於1944年4月2日給了周揚這樣一封信：

> 此篇看了，寫得很好。你把文藝理論上幾個主要問題作了一個簡明的歷史敘述，藉以證實我們今天的方針是正確的，這一點很有益處，對我也是上了一課。只是把我那篇講話配在馬、恩、列、斯……之林覺得不稱，我的話是不能這樣配的。（《毛澤東文藝論集》，第380頁）

「寫得很好」，一錘定音。《序言》說出了他本人不好意思說的話，深得吾心。「只是把我那篇講話配在馬、恩、列、斯……之林覺得不稱，我的話是不能這樣配的。」客套話而已。如果真是覺得「我的話是不能這樣配的」，那就應該叫周揚把他的語錄刪去。可見矯情。

所謂「最正確最完全地解決了文藝如何到群眾中去的問題」，所謂「最正確最深刻地從根本上解決了文藝為群眾與如

何為群眾的問題」，所謂「它把列寧的原則具體化了，豐富了它的內容，使它得到了輝煌的發展」，就是說，過去的革命導師乃至革命作家，只能提出文藝為群眾服務，而只有到了毛澤東這裏，才具體地提出文藝為工農兵服務，這才「最正確最深刻地從根本上解決了文藝為群眾與如何為群眾的問題」，「把列寧的原則具體化了」。這是破天荒的了不得的輝煌發展。這裏的所謂「發展」，意思就是跨越，這是再明顯不過的了。

但是，這都是一廂情願的自我陶醉。只要認真考察，哪有什麼「跨越」的影子。毛澤東提出文藝為工農兵，是在抗日戰爭時期的根據地。那裏最廣大的群眾是農民。兵，也是穿上軍服的農民。而且他們的文化水平普遍偏低，文盲占大多數。正是面對著這樣的群眾，才有了為工農兵第一、普及第一的問題。而列寧乃至高爾基、魯迅，他們面臨的是城市中的工人、小資產階級，而不是農民和武裝起來的農民。他們只能而且必須提出為群眾的文藝路線。毛澤東的文藝方向和列寧、魯迅等人的文藝方向由於具體環境具體對象不同而產生分歧，是哪個山上唱哪個歌的現象，根本不是什麼誰發展了誰，超越了誰的問題。

從周揚的這個《序言》中，特別是從毛澤東對這本書的高度讚賞中，我們不能不進一步看到魯迅遭受貶抑的處境。

三

1945年8月15日抗日戰爭勝利後，延安的文藝工作者紛紛奔赴華北和東北，毛澤東集中精力解決國內問題，無暇顧及魯迅了。10月19日《解放日報》第四版發表陳涌文章一篇：《革命要有韌性——紀念魯迅先生逝世九周年》。配合當時形勢的應景之作。

1946年10月19日《解放日報》第四版發表的第一篇文章是陳涌的《三年來文藝運動的新收穫》，是為紀念《講話》發表三周年而寫的。文章開頭第一句就很妙：「今天是魯迅先生逝世十周年，也是毛澤東同志《在延安文藝座談會上的講話》發表三周年。」這使人們想到1943年19月19日《解放日報》全文發表毛澤東的《講話》，用《講話》擠掉紀念魯迅逝世七周年活動，還偏要在編者按語中稱用《講話》的發表來紀念魯迅的荒唐可笑。

　　發表在陳涌文章後面的三篇文章倒是專門紀念魯迅的，胡蠻《紀念魯迅》，平木《甘為孺子牛》，戈壁舟《魯迅先生和一個工人》。但都是應景文章。紀念《講話》是重中之重，必須寫出水平；紀念魯迅是應景之舉，自然只能發這麼三篇應景文章。決不能讓紀念魯迅蓋過紀念《講話》的聲勢，這是最高原則。一場黑色幽默！

　　1947年3月，毛澤東撤離延安，和周恩來等同志轉戰陝北，指揮西北和全國的解放戰爭，1948年3月東渡黃河和周恩來等同志指揮全國解放戰爭，更無暇顧及魯迅了。各地的紀念活動強調的只是發揚魯迅的韌性戰鬥精神，為徹底埋葬蔣家王朝而鬥爭。

貶斥階段

（1949-1955）

肆、

貶斥階段（1949-1955）

一

　　1949年7月2日，距開國典禮前三個月，在決策中樞的安排下，在北平召開了文代會。

　　開幕的前兩天，周揚特意把與會的四百四十多名黨員代表召集在一起，強調交代建國後指導革命文藝運動的方針是《講話》，要他們做好向黨外代表的宣傳教育的工作。文代會開會當天，周揚在他做的關於解放區文藝運動報告的開頭，就明確指出：「毛主席的《文藝座談會講話》規定了新中國的文藝的方向」。周揚的講話，不用說，不是他個人的意見；他只是傳達了決策中樞的意旨罷了。必須指出，這個規定是犯了方向性的錯誤的。如所周知，《講話》是在抗日戰爭時期敵後根據地那樣一個特殊條件下為適應那個特殊條件而產生，用以指導那個特殊條件下的文藝運動的。新中國成立後，條件有了這樣幾個重大變化：

　　解放前，黨的工作重心在農村；解放後，黨的工作重心在城市。

　　解放前，黨的主要任務是打倒三大敵人在中國的統治，奪取抗日戰爭和人民革命戰爭的勝利，革命戰爭是壓倒一切的戰略任務；解放後，主要任務是經濟建設、文化建設，尤其在社會主義改造基本完成之後，經濟建設、文化建設更應當成為壓倒一切的戰略任務。

解放前，革命的主要動力是工農兵，尤其是農村廣大的農民；解放後，從事現代化經濟建設的主力，不應該只是工人農民，更應該是廣大具有現代文化科學知識的知識分子，而從事現代文化建設的主力，更是非知識分子莫屬。

　　解放前，根據地和解放區的文藝工作者面對的，是廣大的文化水平極低、文藝欣賞力極保守的農民；解放後，文藝工作者必須面臨城市中有相當文化水平和相當欣賞力的思想開放的知識分子，不僅僅限於如周揚在報告中說的「革命知識分子」，亦即來自解放區的「已經改造好」的知識分子。

　　這一來，建國後魯迅的真正位置更可想而知了。

　　1950年10月19日魯迅逝世14周年紀念日，《人民日報》沒有發表社論。只在第一版中欄右方刊出一則短消息：《全國文聯暨京市文聯定今集會　紀念魯迅事逝世十四周年》。緊挨著有《魯迅著作的出版發行　由出版總署負責辦理》、《紹興人民紀念魯迅》的消息。反映了各地紀念活動活躍。還發表周建人短文一篇《關於魯迅的愛國反帝思想》。級別不高，淡化之勢明顯。可注意的是，在全國文聯召開的紀念會上，郭沫若在開幕詞中，稱魯迅為「中國革命文化的偉人戰士」。和《新民主主義論》中的提法相較，有重大改變，不稱「偉大的思想家和偉大的革命家」了。比較靠譜。隻字未提魯迅的文藝思想。

　　1951年10月19日，是魯迅逝世15周年紀念日。《人民日報》發表社論《學習魯迅，堅持思想鬥爭》。強調指出要學習魯迅的愛祖國愛人民和仇視敵人的精神。隻字未提魯迅的文藝思想。可注意的是，稱魯迅為「近代中國最優秀的文化戰士」，不稱「文化新軍的最偉大和最英勇的旗手」了。過去曾經是「旗手」，現在再稱「旗手」，有損真正偉大旗手毛澤東的萬丈光焰了。

二

1951年，《人民文學》四卷六期發表陳涌《魯迅文藝思想的幾個重要方面》。陳涌認為，魯迅的文藝思想重要的表現在這樣三大方面：第一，文藝工作者思想改造的問題；第二，文藝與群眾鬥爭的關係問題；第三，文藝的普及工作問題。

人們看了不禁發笑，這裏哪有魯迅文藝思想的影子！分明是生拉硬扯地把魯迅的文藝思想套進毛澤東文藝思想的框架裏，徹底消滅了魯迅文藝思想。魯迅文藝思想的重要方面應該是，作家對於對象必須具有分明的熱烈的愛憎，文藝必須反映生活的真實，文學創作反對公式化概念化，等等。只有把握住了上述幾個方面，才能揭示魯迅文藝思想的真實。陳涌的一套，打著解釋魯迅文藝思想的幌子，行消滅魯迅文藝思想之實。

為了向讀者證明他的謬論，他提出一些魯迅的片言隻語作論據。那些論據沒有一條是站得住腳的。不妨選幾條看看。

陳涌為了證明魯迅重視文藝工作者的思想改造，亦即從小資產階級改變為無產階級的思想改造，他引出魯迅《革命文學》中的這樣一段話：「我以為根本的問題是在作者可是一個『革命人』，倘是的，則無論寫的是什麼事件，用的是什麼材料，都是革命文學。從噴泉裏出來的都是水，從血管裏出來的都是血。『賦得革命，五言八韻』，是只能騙騙盲試官的。」魯迅這篇文章寫於1927年10月，那時他還沒有接受馬克思主義思想，他所說的「革命人」，並不專指無產階級的革命人，也指小資產階級的革命人。從魯迅的話裏，是根本得不出他要求作家進行「從小資產階級變為無產階級」思想改造的結論的。

陳涌更拋出魯迅的《對於左翼作家聯盟的意見》做證。然而，魯迅在講話的最後向作家提出幾點今後應注意的問題是：

一、對於舊社會和舊勢力的鬥爭，必須堅決持久不斷，而且注重實力；二、戰線應該擴大；三、應當造出大群的新的戰士；聯合戰線以有共同目的為必要條件。偏偏沒有提「思想改造「！這就無情地宣告了陳涌論斷的虛妄。

陳涌為了證明魯迅特別重視文藝和群眾鬥爭的關係，他引出魯迅在《答國際文學社問》中這樣一句話：「在創作上，則因為我不在革命的漩渦中心，而且久不能到各處去考察，所以我大約仍然只能暴露舊社會的壞處。」這句話只能證明魯迅知道深入群眾鬥爭的重要，卻不能證明這是魯迅文藝思想的重要方面。魯迅是堅持從實際出發考慮問題的人，他知道向當時白區的一般的進步作家，只宜提出堅持此時此地的鬥爭。向他們強調提出深入群眾鬥爭，是犯了左傾幼稚病的。

陳涌為了證明魯迅特別重視文藝的普及工作，引了魯迅《文藝的大眾化》裏這樣一段話：「在現下教育不平等的社會裏，仍當有各種難易不同的文藝，以應各種程度的讀者之需。不過應該多有為大眾設想的作家，竭力來作淺顯易解的作品，使大家能懂，愛看，以擠掉一些陳腐的勞什子。」

必須指出，陳涌的摘引是耍了花招的，他沒有把魯迅的話引全。被陳涌故意隱去的話是：

> 因為現在是使大眾能欣賞文藝的時代的準備，所以我想，只能如此。
>
> 倘若此刻就要全部大眾化，只是空談。大多數人不識字，目下通行的白話文，也非大家能懂的文章；言語也不統一，若用方言，許多字是寫不出的，即使用別字代出，也只為一處地方人所懂，閱讀的範圍反而縮小了。
>
> 總之，多作或一程度的大眾化的文藝，也固然是現今的急務。若是大規模的設施，就必須政治之力的幫

助，一條腿是走不成路的，許多動聽的話，不過是文人的聊以自慰罷了。（《魯迅全集》第七卷第349-350頁）

這裏，魯迅無比明確地指出，「現在是使大眾能欣賞文藝的時代的準備「，不可能大規模實行普及工作。沒有人民的政權，「許多動聽的話，不過是文人聊以自慰」的空話而已。

普及工作問題，能不能成為魯迅文藝思想的重要方面，答案自明。

陳涌千方百計要把魯迅的文藝思想消融在毛澤東文藝思想的框架內，這是決策中樞決心在建國後把魯迅的文藝思想徹底打下去的一個重要信號。

三

1951年貶抑魯迅的潮流中，起了最壞作用的，是馮雪峰。

他在「七一」前夕寫的《黨給魯迅以力量》，把一個具有獨立人格獨立意志的魯迅寫成一個唯中國共產黨之命是從的馴服工具。文章如是說：

魯迅先生真正和我們黨發生了經常的而且非常密切的關係，就在這時開始的他的最後十年。在這最後的十年，魯迅先生毫無保留地承認我們黨是唯一能夠領導中國人民革命到勝利的黨。（《論文集》，人民文學出版社1952年版，第242頁）

事實遠非如此美妙。

1928年，魯迅剛到上海，就遭到創造社、太陽社極其離譜的圍攻。創造社一些狂熱分子口吐狂言，要在革命勝利後把魯

迅這樣的「反動文人」趕盡殺絕。這之後,繼創造社、太陽社對魯迅進行極其離譜的傷害的,是周揚。

這從1935年9月12日給胡風的信中可以看出:

> 三郎的事情(葉按:指蕭軍要參加左聯的事),我幾乎可以無須思索,說出我的意見來,是:現在不必進去。最初的事,說起來話長了,不論它;就是最近幾年,我覺得還是在外圍的人們裏,出幾個新作家,有一些新鮮的成績,一到裏面去,即醬在無聊的糾紛中,無聲無息。以我自己而論,總覺得縛了一條鐵索,有一個工頭在背後用鞭子打我,無論我怎樣起勁的做,也是打,而我回頭去問自己的錯處時,他卻拱手客氣的說,我做得好極了,他和我感情好極了,今天天氣哈哈哈……。真常常令我手足無措,我不敢對別人說關於我們的話,對於外國人,我避而不談,不得已時,就撒謊。你看這是怎樣的苦境。
>
> 我的意見,從元帥看來,一定是罪狀(但他和我的感情一定仍舊很好的),但我確信我是對的。將來通盤籌算起來,一定還是我的計畫成績好。(《魯迅全集》第13卷第211頁)

這裏說的「工頭」、「元帥」,即周揚。當時他是文委書記。魯迅的這段話,尖銳地反映了周揚的跋扈,反映了周揚把左聯搞成了什麼樣子。

馮雪峰不僅對創造社、太陽社圍攻魯迅的事實加以隱瞞,隻字未提,對於周揚的表現更是諱莫如深,竭盡美化之能事。居然這麼說:

在魯迅先生在世的日子，無論在我們黨方面，在魯迅方面，都不曾有過說出口來的明白的表示或相互的約束，說兩者之間的關係已經相當於黨和黨員的關係；但實際上的關係，是密切到黨和黨員之間的關係的。總之，早已經是親密的同志了，而越到後來就越親密。

這一段敘述是不符合實際情況的。事實是，只有馮雪峰未去蘇區的時候，魯迅和黨的關係是十分親密的。馮雪峰談到魯迅在左聯成立前後的表現，都是真實的。但自從馮雪峰離開上海去蘇區後，文委書記周揚等人就很少同魯迅聯繫，而且在外面搞了許多小動作，使魯迅非常不愉快，關係越來越惡化。在周揚看來，魯迅，怎麼說也不是黨員，要來領導一個黨的文學運動，不過是借他的聲譽而已，具體的領導權還不應該交出來。馮雪峰當時不在上海，可是他1936年4月從陝北到上海後，魯迅見到他的第一句話便是「這兩年我給他們擺布得可以」。馮雪峰明明完全知道魯迅在左聯的處境，卻在文章裏故意美化，滿紙的「天官賜福」，什麼「越到後來就越親密」，全是極不負責的謊言。其實，馮雪峰的文章做到他離開上海前就可以了。不知道為什麼還要去撒那麼大的謊，硬往周揚臉上貼金。這樣寫，美化了周揚，褻瀆了魯迅，太不應該了。

1935年末，以周揚為首的地下黨文化組織，以建立抗日統一戰線的名義，要解散左聯。魯迅提出合理意見，周揚等人拒不接受，而且玩弄花招，欺騙魯迅，匆匆忙忙解散了左聯。周揚還提出「國防文學」作為文藝界統一戰線的口號。魯迅認為這個口號本身就有問題，要把它懸為文藝界抗日統一戰線的口號，更是關門主義的表現。魯迅拒絕認同這個口號。這就引起周揚等人的嫉恨。雙方關係破裂。馮雪峰從陝北到了上海，經過與魯迅、胡風研究，由胡風寫出文章，提出「民族革命戰爭

的大眾文學」口號，與周揚的「國防文學」口號對壘。周揚在
批判托派反對統一戰線的文章裏，把魯迅等人與托派並論。由
此引發了一場中國現代文學史上空前激烈的兩個口號的論爭。
這些情況都是馮雪峰親歷的，卻都故意隱去，討好周揚的姿態
太明顯了。

　　必須指出，魯迅並沒有把共產黨看作一個步調一致、思想
統一的政黨。對於其中的極左勢力，他是親自領教過因而深有
認識的。他對於共產黨到來的時候他的生命能否保住，是很懷
疑的。早在1934年4月30日給曹聚仁的信中就說：「倘當崩潰之
際，竟尚倖存，當乞紅背心掃上海馬路耳。」（《魯迅全集》第
12卷第397頁）1936年，魯迅對馮雪峰說過：「你們來到時，我要
逃亡，因為首先要殺掉的恐怕是我。」（李霽野《憶魯迅先生》，
《文季月刊》第二卷第　期）馮雪峰在文章裏只挑好的方面說，把
實際存在的嚴重分歧的一面隱而不提，製造出一個所謂「魯迅
先生真正和我們黨發生了經常的而且非常密切的關係」的神話
來。可笑！

　　馮雪峰還說：「在他最後十年中和我們黨的關係，還有他
同我們黨的著名人物的接觸是應該提到的。1930年夏天，李立
三同志約他見面談過話，他們兩人討論過關於魯迅先生自己的
戰鬥任務和方法問題。」馮雪峰意圖用這個說明魯迅和當時黨
的關係的親密。然而事實恰恰相反。1972年12月25日，北京魯迅
博物館邀請馮雪峰等一些與魯迅有過交往的人士舉行座談會。
馮雪峰在這次座談會上談到了李立三會見魯迅的情況：

　　　　李立三與魯迅見面，時間是一九三〇年五月七日晚上，
　　地點是爵祿飯店，魯迅在日記上有到爵祿飯店的話。談
　　話約四、五十分鐘。李立三的目的是希望魯迅發個宣
　　言，以擁護他的「左」傾機會主義那一套政治主張。魯

迅沒有同意。談話中李立三提到法國作家巴比塞,因為在這之前巴比塞發表過一篇宣言似的東西,題目好像叫《告知識階級》。但魯迅說中國革命是長期的、艱巨的,不同意赤膊上陣,要採取散兵戰、壕塹戰、持久戰等戰術。魯迅當時住在景雲裏,回來後他說:「今天我們是各人講各人的。要我發表宣言很容易,可對中國革命有什麼好處?那樣我在中國就住不下去,只好到外國去當寓公。在中國我還能打一槍兩槍。」(馮雪峰《在北京魯迅博物館的談話》,《魯迅回憶錄散篇中冊》,北京出版社1999年版,第992頁)

這就自己否定了1952年自己的「天官賜福」的說法。

在《黨給魯迅以力量》這篇文章裏,馮雪峰還反覆介紹魯迅晚年甘願在毛澤東麾下做一名「小兵」的「事實」。馮雪峰可能是想借此捧魯迅一把,事實上是嚴重地壓低了魯迅,正符合當局的政治需要。馮雪峰這樣寫:魯迅從他的口裏瞭解到毛澤東的天才領導和軍事上的戰略戰術後,在談話中不知不覺地把自己引到一種柔和的、怡然自得的、忘我的境地,平靜地說:「我想,我做一個小兵是還勝任的,用筆!」(見《論文集》第一卷,人民文學出版社1952年版,第253頁)從這段敘述可以看出,這裏的「小兵」,是魯迅的自謙的一種比喻性的說法,並不意味著魯迅真的要把自己和毛澤東的關係降為統帥和士兵的關係。他和毛澤東的關係,在《答洛斯基派的信》中已經表述得十分清楚:「同志」。那封信是馮雪峰代筆的,不至於不記得。現在,為了捧舉毛澤東,竟然一反舊說,把魯迅和毛澤東的關係降為士兵和統帥的關係。這是對魯迅的嘲弄。

馮雪峰在這篇文章的最後還這樣帶有總結性地說:

記到這裏，我想到一個問題了，就是：魯迅先生的天才，越在晚年就越一步一步向高峰發展，這是不是與他和我們黨的關係也越來越密切這件事情也有關係？

　　我想到上文所記的魯迅先生在逝世前，當他談到我黨和毛主席之後，感到自己跟我黨和毛主席的親密關係，於是想到中國人民的偉大勝利前途，就不知不覺地把自己引到一種柔和的、怡然自得的忘我的境地，平靜地說：「我做一個小兵是還勝任的，用筆！」──這種境地，我以為正是魯迅先生的天才最高升的境地！

　　因此，我以為是有關係的。

　　黨給魯迅以力量！

　　魯迅先生緊緊地靠近我們的黨，腳踏在我們民族的土地上，面對著人民群眾，全身心地，不顧一切地戰鬥著，於是他的天才發揮了，高高地上升了。

　　離開了人民，任何天才都要枯竭的；離開了黨，也是任何天才都要走樣、停滯和枯竭的。

　　依靠黨和人民，為著黨和人民，奮不顧身地持久地戰鬥著、工作著、思想著，那就常人也能夠成為英雄，凡才也能夠成為天才。（《論文集》第一卷第253-254頁）

　　這是把魯迅作為一個自覺願意當一名毛澤東的小兵生發出來的「結論」。所謂「黨給魯迅以力量」，實際意義是毛澤東給魯迅以力量。按照馮雪峰的敘述，魯迅是在聽到馮雪峰的介紹之後才有了當毛澤東的一員小兵的願望，才使魯迅的天才升到最高的境地。如果魯迅願意當一個小兵的表白真像馮雪峰所解釋的那樣，不是比喻意而是實指，那麼，這就不是什麼天才的提升，而是天才的毀滅。魯迅的天才，表現在他的卓越的獨立思考、獨立的行動上。當1936年初左聯接到蕭三從莫斯科發

來的信，要求解散左聯，周揚等人決定積極奉行的時候，魯迅就竭力反對，說：「組織統一戰線團體，我是贊成的，但『左聯』不宜解散。我們『左翼作家』雖說是無產階級，實際上幼稚得很，同資產階級作家去講統一戰線，弄得不好，不但不能把他們統過來，反而會被他們統過去，這是很危險的。如果『左聯』解散了，自己的人沒有一個可以商量事情的組織，那就更危險。不如『左聯』還是祕密存在。」（《徐懋庸回憶錄》，人民文學出版社1982年版，第86頁）這，才是魯迅天才的極其輝煌的到達。馮雪峰把魯迅醜化為一個甘願喪失獨立意志甘當政黨馴服工具的人。這是對魯迅的褻瀆。

實事求是地說，中國共產黨不是不曾給魯迅以力量的。如，1936年2月，當魯迅得知紅軍東渡黃河抗日討逆時，和茅盾聯名發電祝賀紅軍：「在你們身上寄托著人類和中國的希望。」（轉引自1947年7月27日《新華日報》（太行版）《從紅軍到人民解放軍，英勇鬥爭二十年》）這表示，紅軍的行動是增強了魯迅革命最後必勝的信心和力量的。但話只能說到這個程度，越出一步就成荒謬。

馮雪峰在《黨給魯迅以力量》中對魯迅前期雜文做了這樣的評價：「魯迅先生有一些思想和對問題的看法，特別是他前期的，我覺得是應該用馬克思列寧主義和毛澤東思想的原則和觀點，仔細地加以分析，才能成為我們的營養的。」這是唯馬克思列寧主義是真理、唯毛澤東思想是真理的狂妄自大心態的暴露。事實是，魯迅前期的許多思想，如關於中華古國歷史的揭示，對於國民性的挖掘，它們本身就是顛撲不破的真理，無須「用馬克思列寧主義和毛澤東思想的原則和觀點，仔細地加以分析，才能成為我們的營養」。「用馬克思列寧主義和毛澤東思想的原則和觀點，仔細地加以分析」，不僅不能成為我們的營養，而且會使我們把營養當成糟粕。

我們不妨用馬克思列寧主義和毛澤東思想的原則和觀點」「仔細地加以分析」一下魯迅前期的某些雜文。

如，魯迅在《「聖武」》中這樣評論劉邦、項羽：

> 古時候，秦始皇很闊氣，劉邦和項羽都看見了；劉邦說，「嗟乎！大丈夫當如此也！」羽說，「彼可取而代也！」羽要取什麼呢？便是取劉邦所說的「如此」。「如此」的程度，雖有不同，可是誰也想取；被「取」的是「彼」，取的是「丈夫」。所有「彼」與「丈夫」的心中，便都是這「聖武」的產生所，受納所。
>
> 何謂「如此」？說起來話長，簡單地說，便只是純粹獸性方面的欲望的滿足——威福，子女，玉帛——罷了。然而在一切大小丈夫，卻要算最高理想（？）了。
> （《魯迅全集》第1卷第355頁）

如果要到毛澤東著作裏去找指導，只能在《中國革命和中國共產黨》裏找到這樣的指示：

> 地主階級對於農民的殘酷的經濟剝削和政治壓迫，迫使農民多次地舉行起義，以反抗地主階級的統治。從秦朝的陳勝、吳廣、項羽、劉邦起，（略）總計大小數百次的起義，都是農民的反抗運動，都是農民的革命戰爭。
> （《毛澤東選集》，第2卷，第625頁）

這一指導，就把魯迅的卓見否定得一乾二淨。哪裏還有什麼「營養」！

必須指出，由於毛澤東根本看不出魯迅前期對國民性挖掘是對於封建統治的痛烈的揭露與控訴，認為那只是對農民黑暗

面的消極暴露，決定了用毛澤東著作指導去讀是讀不出東西來的。只能是糟蹋了魯迅的雜文。

馮雪峰這年9月，還為《中國青年報》寫了一篇《怎樣讀魯迅的雜文》，教導青年必須用毛澤東思想讀魯迅的全部雜文。他的原話是：

> 因為魯迅在雜文裏表現他的思想，主要的是用文學的表現方法；同時他的思想發展也包含有他自己的矛盾的，所以最好是依照毛主席的指示那樣去讀他的雜文，研究他的思想。（葉按：這裏略去一句非實質性的話）這樣的讀法和研究法，我以為我們就能夠從魯迅那裏得到更多更好的東西。
>
> 我的意思是，毛主席的主要著作，是我們應該熟讀的，他的指示是我們工作和看問題的最高的和唯一的指南。於是用這指南去讀和研究魯迅的作品，那麼，不僅能夠糾正魯迅思想上某些不正確的觀點，並且還能發現更多的真正有價值的東西。例如魯迅前期（1927年以前）的思想，是以達爾文的進化論為基礎的唯物論的思想，這思想一般地是超階級觀點的。但是，我們如果用了毛澤東思想的觀點和方法加以深刻的分析，則一方面可以糾正了魯迅的超階級觀點的錯誤，這種糾正就是一種補救；於是另方面就可以肯定了魯迅的全部功績，肯定了他的唯物論思想是進步的，有價值的；二則進化論只是魯迅的唯物論的基礎，他的唯物論的社會基礎是中國人民的革命要求與鬥爭，這一方面的基礎是更為重要的。（下略）
>
> 所以，我覺得，用毛澤東思想的觀點與方法去加以分析和糾正，不但不會降低魯迅思想的價值，反而能夠

發掘和光大它的價值。這裏所以必須要用毛澤東思想的科學方法，很可以打一個譬喻，有如用了最進步的科學方法去開採礦藏一樣，過去所沒有開採的我們地下的最豐富的礦藏，現在和今後，人民就要用最進步的科學方法去開掘出來了。毫無疑問，只有毛澤東思想，只有用毛澤東思想的科學方法，才能發掘和光大我們偉大中華民族所儲藏著的豐富的優秀文化。

現在青年們在思想的學習和修養上，最基本的必修科是熟讀與研究毛主席的全部著作以及研究中國歷史──尤其近代史與中國共產黨黨史。因此，我這樣想：在這必修科的下面，作為重要的輔助的研究，是讀和研究魯迅的作品，而他的雜文又更重要。（《論文集》第一卷，第305-307頁）

這是一段奇文。

一奇，用毛澤東的指示讀魯迅雜文，居然能夠糾正魯迅思想上某些不正確的觀點，能夠得到更多的好東西。

關於這個論調，我在前面已經用無可辯駁的例子說明它的虛妄。馮雪峰在這裏舉了一個例子。也不妨看看這個例子站不站得住腳。關於魯迅前期思想中的進化論，我們從毛澤東全部著作中是找不到馮雪峰提供的那些解釋的。達爾文的進化論，是關於生物進化的學說。魯迅從來沒有用達爾文生物進化論的學說來觀察中國社會現象。他用的是經過嚴復在《天演論》中改造過的社會達爾文思想，以上進發展觀和鬥爭觀為內容的社會達爾文思想。用達爾文的生物進化論解釋社會現象，必然是唯心論的，決不可能是什麼唯物論的。魯迅用經過嚴復改造的社會達爾文思想解釋社會現象，也是唯心論的。它在當時所以具有進步意義，這是因為他用這個思想為改變中國備受外敵侵

略的處境吶喊助威，有利於推動歷史前進。馮雪峰所說的那些所謂從毛澤東著作中獲得的「更多的真正有價值的東西」，完全是一廂情願的臆斷，經不起起碼的推敲。

二奇，說什麼毛澤東的著作是「我們工作和看問題的最高的和唯一的指南」。

既然如此，那就只要熟讀毛澤東的著作就可以了，何必還要去讀什麼魯迅的雜文呢？有了這「最高的和唯一的指南」再去讀別的書，豈不是浪費時間和精力嗎？豈不是對「最高的和唯一的指南」的大不敬嗎？

長期以來，人們普遍認為「最高指示」的提法是林彪創造出來的。他在1965年的《中國人民解放軍1966年工作指示》中提出，「要把毛主席的書當作我們全軍各項工作的最高指示」。人們卻不知道，早在林彪之前就由馮雪峰創造出來了。只是不叫「最高指示」而叫「最高指南」而已。

三奇，要青年們熟讀毛主席的全部著作，還要研究中國的歷史，尤其是近代史和中國共產黨黨史，才有條件去讀魯迅雜文，而且只能把它作為輔助性的讀物對待。

這是同青年們開玩笑。青年們不是有本職工作就是在學校學習，哪有那麼多業餘時間和課餘時間去熟讀毛澤東全部著作和中國歷史！那時，無論大學和中學，都設有政治課，老師講授的都是社會發展史之類的教材，從不專設毛澤東著作課。至於在職員工，所在單位每周星期三下午是法定政治學習時間，只有在那個下午，職工們才必須學習政治。馮雪峰這篇指導青年讀魯迅雜文的文章，寫於1951年9月21日。那時決策中樞布置的政治學習材料是《聯共（布）黨史》，根本沒有規定非學毛澤東著作不可。何況，那時《毛澤東選集》第一卷還沒有出版，一般幹部能夠買來閱讀的毛澤東的單冊著作極有限，根本不可能讀到全部著作。而馮雪峰卻要求青年去讀毛澤東的全部

著作，而且要「熟讀」！人們不能不奇怪，他是不是頭腦過分發熱。一個理智清醒的人，是決不可能向青年提出如此荒謬可笑的建議的。而馮雪峰卻說必須完成上述熟讀任務才能有條件讀魯迅雜文，事實上只能是封殺了青年讀魯迅書的道路。荒謬透頂！

　　馮雪峰強調只能把魯迅雜文作為輔助性的讀物對待，更是對魯迅的令人不能容忍的大侮辱、大褻瀆。既然指導青年們閱讀魯迅雜文，就應該首先讓青年們去讀魯迅的文章，其他的書籍都只能是輔助性的讀物。而且，這些輔助性讀物中，排在第一位的也不是毛澤東著作，也不是什麼中國近代史中共黨史。排在第一位的應該是瞿秋白的《魯迅雜感選集‧序言》。《序言》深刻地指出了魯迅雜文的價值和魯迅在思想鬥爭史上的重要地位，是引導青年們閱讀魯迅雜文的綱領性文章。排在第二位的是解放前已經出版的王士菁的《魯迅傳》，那是結合歷史背景對魯迅一生的生活道路和創作道路進行科學論述，並有大量的作品引用和解釋，是一部幫助青年們閱讀魯迅雜文的很好的教科書。對於廣大青年讀者來說，只要這兩種輔導材料就可以了，毛澤東的著作是完全沒有必要讀的。即使是專門研究魯迅作品的專家，也沒有必要非讀毛澤東著作不可。在當時個人迷信的氣氛彌漫全國的情勢下，用毛澤東的著作指導閱讀，只能陷入教條主義。例子是現成的。毛澤東在《湖南農民運動考察報告》中提到的中國女子要受到代表封建宗法思想與制度的四種權力的支配：政權、族權、神權，夫權。不少高校教教師在講魯迅《祝福》的時候，就拿這四種權力牽強附會地往祥林嫂身上扣。不倫不類地把《祝福》變成毛澤東思想的詮釋。就憑這個例子，足以宣告馮雪峰的論調的虛妄了。

　　馮雪峰的《黨給魯迅以力量》，把魯迅貶為毛澤東麾下的小兵；在《怎樣讀魯迅雜文》中，又把魯迅雜文貶為毛澤東著

作的輔助讀物。馮雪峰的這種阿諛逢迎的聲音，毛澤東聽了肯定是十分高興的，因為他解放後就是要把魯迅在文藝界的威望壓下去，這是貫徹《講話》的需要，這是建立「輿論一律」的需要，這是讓毛澤東偉大紅旗在新中國上空高高飄揚的需要。

　　馮雪峰，在人們心目中是一個最瞭解魯迅思想的人，在決策中樞正在竭力貶抑魯迅的時候，他的幾篇有關魯迅的文章，起了很壞的推波助瀾的作用。

四

　　1952年是大樹特樹毛澤東文藝思想的一年。這年5月23日，《人民日報》發表社論《繼續為毛澤東同志所提出的文藝方向而鬥爭》。副標題為「紀念毛澤東同志的《在延安文藝座談會上的講話》發表十周年」。這個副標題是不正確的。毛澤東在延安文藝座談會上發表講話，到1952年是十周年。《講話》作為中央正式文件發表卻在1943年。《人民日報》提前一年紀念，完全是為了配合正在開展的文藝整風運動。社論肯定了《講話》的偉大意義，指出在《講話》指導下取得的偉大成就：「十年以來，在毛澤東同志所指示的文藝方針下，文藝工作獲得了巨大的成就。在我們的革命作家中產生了大量的以反映工農兵的生活和鬥爭為主要內容的作品，並開始糾正了八股式的文風。有相當數量的作品，受到廣大群眾的歡迎，在革命鬥爭中起了一定的作用。」接著就是對文藝界貫徹《講話》很不得力的批評，指出整風的必要。《文藝報》還特辟專輯，發表了一批知名作家、藝術家的文章，齊聲讚美《講話》對他們的指導作用，檢查自己貫徹不力的錯誤。

　　這次文藝界的整風，實際上是進一步強化毛澤東文藝思想的統治。這也決定了魯迅文藝思想的進一步淡出歷史舞臺。

毛澤東對進一步強化他的文藝路線採取了雙管齊下的舉措。一方面配合文藝整風運動抓貫徹毛澤東文藝路線，一方面狠抓對胡風文藝思想的總討伐。毛澤東已經認識到，胡風的文藝思想是貫徹毛澤東文藝路線的最大的障礙。不把這個大障礙拔除，毛澤東文藝路線難以全面貫徹。因此，必須對胡風文藝思想毫不容情地展開總討伐。

毛澤東對於胡風在國內外人們心目中的地位，經由周揚等人的介紹，是會有所瞭解的。胡風不僅在國內享有極高的威望，被公認為魯迅最親密的戰友，魯迅傳統的最傑出的繼承人，而且在蘇聯享有很高威望。蘇聯人士把他稱為「中國的別林斯基」。抗戰時期，蘇聯的《國際文學》雜志還專門向他約稿，文章被翻譯成俄文發表出來。因此，毛澤東對胡風文藝思想的徹底清算是早有打算的。

對胡風文藝思想的批判，早在解放前的1945年就在重慶正式展開。「主流派」以胡風在他主編的《希望》發表了舒蕪的《論主觀》為藉口，對胡風進行了圍攻。1948年，從國統區撤退到香港的「主流派」，以《大眾文藝叢刊》為主陣地，更對胡風進行了十分離譜的圍攻。1949年7月在北平召開的文代會上，茅盾在他宣讀的關於國統區文藝運動的報告中，對胡風的文藝思想進行了極不像話的「批判」，成為建國後發動對胡風總討伐的黑色信號。1952年，舒蕪在5月25日《長江日報》發表了《從頭學習〈在延安文藝座談會上的講話〉》，他以從「小集團」裏殺出來的最大知情者的身分，「證實」確實存在一個反對毛澤東文藝路線的「小集團」。對於這篇卑鄙無恥賣友求榮的文章，「主流派」卻如獲至寶，即於6月8日《人民日報》全文轉載，並由毛澤東政治秘書胡喬木以編者的名義寫了編者按。「按語」稱：「作者在這裏提到的他的論文《論主觀》，於1945年發表在重慶的一個文藝刊物《希望》上，這個刊物

是以胡風為首的一個文藝上的小集團辦的。他們在文藝創作上，片面地誇大『主觀精神』的作用，追求所謂『生命力的擴張』，而實際上否認了革命實踐和思想改造的意義。這是一種實質上屬資產階級、小資產階級的個人主義的文藝思想。舒蕪的《論主觀》就是鼓吹這種文藝思想的論文之一。下面發表的這篇文章表現了舒蕪對於他過去的錯誤觀點已提出了批評，這是值得歡迎的。」決策中樞以轉載舒蕪這篇文章為契機，1952年展開了對胡風面對面的討伐。

毛澤東所以必須把胡風的文藝思想批倒批臭，主要原因在於，胡風堅持的現實主義文藝道路，與《講話》的精神不符，甚至針鋒相對。而胡風的文藝思想，恰恰是最忠實地延續了魯迅的傳統的。

如，毛澤東不顧解放後工作重心已經轉移到城市的現實，仍然堅持《講話》提出的工農兵題材至上的方針。胡風則堅決反對「題材差別」論，認為文學是「人學」而不是「題材學」。決定作品優劣的是是否寫出了活的人物，而不是題材是否重大。魯迅也認為，只要懂得「中國的唯一出路，是全國一致對日的民族革命戰爭」，則「作者可以自由地去寫工人，農民，強盜，娼妓，窮人，闊佬，什麼材料都可以，寫出來都可以成為民族革命戰爭的大眾文學。」（《論現在我們的文學運動》，《且介亭雜文末編》，《魯迅全集》第6卷第591頁）

如，《講話》認為，最高的真實是黨的政策；胡風則認為，最高的真實在生活。魯迅也認為，「我們須要的，不是作品後面添上去的口號和矯作的尾巴，而是那前部作品中的真實的生活」。（《論現在我們的文學運動》，《魯迅全集》第六卷第591頁）

如，《講話》認為，對於對象的「觀察、體驗、研究、分析」是建立形象的首要條件。胡風則認為，對於對象的愛愛仇仇的感情態度才是建立形象的首要條件。胡風把「對於對象的

愛愛仇仇的感情態度」稱為「主觀戰鬥精神」。「失去了愛，作品就不能夠有真的生命。」（《為初執筆者的創作談》，《胡風全集》第2卷第240頁）魯迅也認為，「能殺才能生，能憎才能愛，能生與愛，才能文。」（《七論文人相輕——兩傷》，《且介亭雜文二集》，《魯迅全集》第6卷第405頁）「創作總根於愛。」（《小雜感》，《二心集》，《魯迅全集》第3卷，第532頁）

如，《講話》要求作家在深入工農兵的過程中進行「脫胎換骨」的改造。胡風則認為，革命知識分子是人民中的先進成員，他們深入勞動人民的過程，得有和對象的生活內容搏鬥、批判的力量。魯迅當年認為左翼作家必須「和實際的社會鬥爭接觸」，必須「明白革命的實際」，必須改變「以為詩人或文學家高於一切人」的觀念，才不致變成右翼。（《對於左翼作家聯盟的意見》，《二心集》，《魯迅全集》第4卷第233、234頁）。對革命作家的「改造」要求，僅止於此。——魯迅本人從革命民主主義者到共產主義者的發展，並沒有經歷深入工農兵的過程。這一事實，就足以說明《講話》要求的沒有道理了。

決策中樞批判胡風的重點問題恰恰是：否定思想改造的必要，片面誇大「主觀精神」的作用，否定題材的重要性，等等。不難看出，決策中樞清算胡風，實際上是清算魯迅。不把魯迅的文藝思想的影響徹底消滅，毛澤東文藝路線是難以徹底占領文藝陣地的。

五

1952年對胡風的批判，還是把胡風作為「思想上的敵人」看待，到1955年初，就逐步向「政治上的敵人」方面轉移了。到了1955年5月，舒蕪歪曲運用胡風給他的信向當局「檢舉」出一個以胡風為首的反黨集團，毛澤東認可了這個荒謬絕倫的

「檢舉」，一場震驚中外的「胡風反革命集團案」由此鑄成。（欲知詳細情況可看拙著《難忘的1955》，秀威資訊科技公司2012年版，第223-268頁）

但是，不管毛澤東為維護他的文藝路線對胡風採取了怎樣殘酷的鎮壓措施，都改變不了一個鐵的事實：解放後仍然以《在延安文藝座談會上的講話》作為文藝運動的指導方針，是犯了方向性的錯誤，只能把新中國文藝引進死胡同。

《講話》，從理論的角度考察，經不起推敲的地方很是不少的，但是，所有這些錯誤中最致命的錯誤，是強調文藝為黨的政治服務。

《講話》提出文藝服從於政治，服從於黨在一定革命時期所規定的革命任務，並強調要求，黨的文藝工作者要站在黨的政策立場上。這就把文藝服從於政治的命題狹隘化簡單化為文藝為政策服務。周揚在《關於政策與文藝》一文中，作出極明白的解說：「自『文藝座談會』以後，藝術創作活動上的一個顯著特點是它與當前各種實際政策的開始結合，這是文藝新方向的重要標誌之一。文藝反映政治，在解放區來說，具體地就是反映各種政策在人民中實行的過程與結果。」（《周揚文集》第一卷，人民文學出版社1984年版，第475-476頁）周揚的這個解釋完全符合《講話》的精神，他沒有加進任何自己的意見。對於這種嚴重違背創作規律的要求，王林在他的1949年7月9日的日記裏有極尖銳的反應：「康濯前些日子以工業為題材寫了較長的小說。周揚不同意他的結論，說中央還沒有做結論呢。我那一天告訴他說：『我們光跟著政策屁股轉，轉來轉去光吃屁。晉察冀1944年高幹會議大罵人才觀點，可是今天到了大城市，還不是行的人才觀點！我們只能給政策做注解，真是忙不過來。』」（《第一次文代會期間日記》，《新文學史料》2011年第4期）「我們光跟著政策屁股轉，轉來轉去光吃屁」，一針見血

之言！王林不愧是一位有藝術良知的作家。杜鵬程在看了路翎
的《窪地上的「戰役」》後說，看了這篇小說，恨不得把他的
《保衛延安》一把火燒了。這也是一個真正有共產主義覺悟有
藝術良知的作家對於「寫政策」的痛烈控訴。這還是政策正確
的情況下的現象，如果政策不正確，那情況就更不堪問聞了。
最突出的是大躍進年代的所謂「新民歌」運動。這是響應極左
的盲動主義政策而產生的怪胎。不妨舉兩個例子看看。

例一：

　　總路線是快馬鞭
　　快馬加鞭飛向前
　　日行千里夜八百
　　超英何須十五年

例二：

　　公社的山羊長得壯
　　上山碰到非洲象
　　山羊打個大噴嚏
　　轟隆一聲震天響
　　大象嚇得直哆嗦
　　撲通跪倒直喊娘
　　娘啊娘，還是公社山羊大
　　跟它比，我簡直就是矢克郎

　　這樣的「新民歌」，當時都被一些衝昏頭腦的論客認為是
寫政策的佳作。可惜為時不久，連決策中樞也不得不硬著頭皮
承認「假大空」得太露骨，影響決策中樞的光輝形象，只好悄

悄悄地把它們送進歷史垃圾堆了。

　　再看一個例子。1962年，文化部發出一個《對違反當前政策精神的影片停止發行的通知》，一下子對大躍進年代拍攝的46部影片宣判死刑。計：北影《柳湖新頌》《春暖花開》《十三陵水庫暢想曲》，上影《你追我趕》《鋼花遍地開》《鬥詩亭》等24部，長影《新的一課》、《快馬加鞭》等8部，西影《天山歌聲》，珠影《一江兩岸大競賽》《接班人》，上海美影《打麻雀》《趕英國》《慶豐收》等8部。這都是當時「從政策觀點認識生活」的產品，都是歡呼三面紅旗萬歲的作品，曾幾何時，卻成了一堆不得不含淚封殺的精神垃圾，成了「違反當前政策精神」的毒草，豈不冤哉！

　　《講話》的文學史意義，被一些人說得神而又神。然而，考察一個文藝運動的得失成敗，不在於口頭講得如何天花亂墜，而在看創作成果如何。《講話》從1943年正式發表到毛澤東逝世這二十多年的時間裏，工農兵題材的作品經得起歷史考驗真正具有高水平的有一本嗎？可憐得很，一本也沒有。來自解放區的作家中，有幾位是極富藝術天才、極具創作潛力的，如丁玲、柳青，但是他們的才能在那個「教條主義」的文藝路線和左得可怕的政治路線的嚴酷限制下，根本不可能得到正常的發展。說起來令人痛心。

　　針對斯大林（臺灣譯「史達林」）統治下的蘇聯文藝現狀，安德烈‧紀德給以這樣的評議：「隨著革命勝利了，建立了政權，藝術出現了一種可怕的危機，一種幾乎和厲害的法西斯壓迫下一樣的嚴重的危機」。（《訪蘇聯歸來》，花城出版社1999年版，第43頁）在毛澤東統治下的中國，不是出現了「幾乎和厲害的法西斯一樣的危機」，而是比厲害的法西斯壓迫下更厲害得多的嚴重的危機。

惡化階段

（1956-1965）

伍、

惡化階段（1956-1965）

一

　　毛澤東下決心把胡風打成「反革命集團」頭目之日，也是下決心進一步把魯迅頭上的光環予以徹底消滅之時。

　　1956年是魯迅逝世30周年祭。這年10月，以北京為中心，舉行了盛大的紀念活動。北京召開了有各國魯迅研究專家參加的紀念大會。全國各地的文藝刊物無一例外地都發表紀念文章。魯迅居住過、工作過的城市更是搞得熱烈非凡。但是，就在這紅火的景象下，出現一個為一般人難以發覺的逆流。

　　1956年10月14日，魯迅逝世二十周年前夕，魯迅靈柩由萬國公墓遷到虹口公園的新墓地。整個遷葬事宜，毛澤東指定由周揚主持負責。這是對魯迅頭上光環予以消滅的第一步。

　　早在魯迅逝世當時，中國共產黨在發給南京國民黨政府的電報中要求為魯迅舉行國葬。這是明知辦不到故意將他們一軍，讓他們出出醜而已。當時在上海代表黨主持葬禮的馮雪峰告訴大家，將來革命勝利，一定會造一個和魯迅名望相配的新墓，把靈柩移葬到那裏去。1956年，是魯迅逝世20周年，是已經執政的共產黨實現諾言的時候了。魯迅在萬國公園的墳墓，不遷移到一個比較像樣的墓地是不利於毛澤東的形象的。這就有了虹口公園新墓地的建築，才有了10月14日的遷葬大典。這個大典，從毛澤東過去給予魯迅的崇高評價看，至少是應該讓周恩來出面主持的，可是他卻派了周揚來主持這個遷葬大事。

周揚，不僅在黨內級別不高，只是候補中央委員，更成問題的是，他是30年代攻擊魯迅受到魯迅痛斥的人物。把這樣一個人物派出來主持遷葬大典，是對魯迅的大褻瀆大侮辱。

周揚自然要利用這個千載難逢的機會為自己樹立魯迅親密戰友的形象，並為1936年魯迅葬禮中他那一派人員被冷落進行大報復。

他安排的扶柩人員就頗具心計。扶柩人員有兩批：一批是在萬國公墓起靈將靈柩扶上靈車的；一批是在新墓地扶柩入葬的。

第一批十人：茅盾、周揚、許廣平、金仲華、巴金、陳虞孫、唐弢、許欽文、張春橋、孔羅蓀。

除了許廣平外，與魯迅生前關係密切的，只有茅盾、巴金和許欽文三人。茅盾，是以文化部部長和魯迅生前友人的雙重身分參加的。巴金，是以上海市紀念魯迅先生逝世20周年籌備委員會主任、上海作家協會主席和魯迅生前友人的三重身分參加的。許欽文，當時是浙江省文化局副局長，是以浙江省的代表參加的。

其餘的，情況就不一樣甚至很不一樣了。

金仲華，魯迅同他素昧平生，是以上海市副市長的身分參加的。

陳虞孫，魯迅同他素昧平生，是以上海市文化局局長的身分參加的。

孔羅蓀，魯迅同他素昧平生，是以上海作協黨組書記的身分參加的。

唐弢，他那時的職務是上海市文物局局長，可能是以這個身分參加的。他與魯迅生前有來往，但後來積極參加了周揚的「中國文藝家協會」，並在《宣言》上簽名。雖然後來又在魯迅一方的《中國文藝工作者宣言》上簽了名，但並未表示收回對「中國文藝家協會」的支持。

張春橋，是以上海市委第一書記柯慶施的政治秘書入選的。30年代「國防文學」的積極擁護者。

　　周揚，在30年代兩個口號的論爭中，是站在關門主義與宗派主義立場上堅決反對魯迅提出的「民族革命戰爭的大眾文學」口號，遭到魯迅猛烈抨擊的「四條漢子」的頭頭。這樣一個人物出現在扶柩的隊伍中，是對魯迅的嘲弄，是對魯迅家屬的嘲弄，也是對大典的嘲弄。但，這是毛澤東安排的。

　　第二批十一人：宋慶齡、茅盾、柯慶施、周揚、金仲華、巴金、章靳以、唐弢、許廣平、鐘民、李琦濤。

　　除了許廣平之外，與魯迅生前關係密切的，只有宋慶齡、茅盾、巴金、章靳以四人。宋慶齡，是以國家副主席和生前友人的雙重身分參加的。茅盾，情況已見前述，不贅。巴金，情況已見前述，不贅。章靳以，是以上海作家協會副主席和生前友人的雙重身分參加的。

　　其他各人，情況很有不同。

　　柯慶施，魯迅同他素昧平生，是以中共中央上海局書記和上海市委第一書記的身分參加的。

　　金仲華，情況已見前述，不贅。

　　鐘民，魯迅和他素昧平生，是以上海市總工會負責人的身分參加的。

　　李琦濤，魯迅和他素昧平生，是以團市委書記的身分參加的。

　　柯慶施、金仲華、鐘民、李琦濤四人，是分別代表了上海市黨、政、工、團四個方面的。那時一般的大會，都是要有黨、政、工、團四個方面的代表坐上主席臺的，可現在不是開什麼大會，而是舉行魯迅遷葬大典，也依葫蘆畫瓢地湊上黨、政、工、團四方面的代表，簡直開玩笑。

　　唐弢，兩次扶柩都有他的份，受到特殊優遇。

周揚再一次露臉，再給自己臉上貼金。

當年，魯迅靈柩從靈堂扶出來的是這樣14位魯迅生前的友人：、蕭軍、黎烈文、吳朗西、周文、靳以、姚克、黃源、張天翼、胡風、曹白、巴金、周文、鹿地亘、沙汀。除代表「國防文學」派的沙汀外，其餘都是魯迅晚年與之相交關係密切的青年作家和出版家。即使是沙汀，也和魯迅有比較親切的關係。這個扶柩名單富於很親切的人情味。1956年的兩個名單，即使撇開周揚來看，也是官場氣太重，人情味太少。比較一下1936年將靈柩扶上靈車14人中，只有巴金、靳以二人參加，但他們不是以當年扶柩人的身分入選的，而是因為前者是上海市紀念魯迅逝世20周年籌備委員會主任，後者是上海作協副主席的緣故。

這兩個名單都是周揚確定的，其中貫穿著明顯的思想傾向：徹底打掉1936年扶柩時魯迅戰友占絕對優勢的局面，徹底消除1936年扶柩時的親切的人情味。

明乎此，則一些問題，為什麼只是柯慶施的政治秘書的張春橋會當上扶柩人，為什麼要湊上黨、政、工、團四方面的代表，為什麼唐弢受到特殊優遇，為什麼對那些與魯迅素昧平生的人情有獨鍾等等，都不難迎刃而解了。

面對這三份名單，1936年參加過乃至瞭解魯迅喪事的人，不免有那麼一點啼笑皆非的感慨。尤其是對於周揚的扶柩，人們更有憤慨。當時就有人說：如果魯迅死後有知，他將跳起來把周揚揍一頓。這是說出了人們心聲的。

而當年代表黨主持魯迅葬禮的馮雪峰，卻被擯斥在整個遷葬活動之外。不知道馮雪峰是否有「既生瑜何生亮」的感嘆。

1936年6月，高爾基逝世後，是斯大林（臺灣譯「史達林」）親自主持了高爾基的葬禮，並親自抬棺的。不管他是否出於真心，但卻是深得人心的。魯迅，是被毛澤東封為「最正確、最

勇敢、最堅決、最忠實、最熱忱的空前的民族英雄」的，按說他的遷葬活動應該由毛澤東親自主持，並親自抬棺，這才符合毛澤東賜予魯迅的身分。可是，毛澤東偏偏把主持魯迅靈柩遷葬的工作全部交給了周揚，抬棺的主要人物也是周揚，一個中宣部的副部長。斯大林（臺灣譯「史達林」）葬高爾基的規格是國家最高級的，而毛澤東遷葬魯迅的規格卻是低而又低。更使人百思不得其解的是，主持人竟然是魯迅的死對頭周揚。難道毛澤東不知道周揚和魯迅的緊張關係嗎？然而他竟然把周揚推上魯迅靈柩遷葬工作的總辦的位子上。這是對魯迅的極大嘲弄，極大侮辱，極大褻瀆！

人們都認為，解放後，魯迅遷葬活動的規模會是國家級的，然而事情完全不是這樣。原因很清楚，1943年後，毛澤東已經收回了給予魯迅的「中華民族新文化的方向」的尊稱。「新文化的方向」已經是他毛澤東了。建國後，「新文化的方向」更是他毛澤東了。遷葬活動的規模必須降低，才不致形成功高蓋主的現象。至於選派周揚主持遷葬活動，則是周揚在毛澤東心目中已經是貫徹毛澤東文藝路線最正確最堅決最熱忱的一號人物。不選派周揚還選派誰。他選派周揚，不僅由於周揚忠心耿耿，還由於要替周揚恢復為魯迅玷污的名譽。周揚被魯迅在《答徐懋庸》中批了一通之後，形象大受影響。毛澤東此舉，就是要為周揚卸去沉重包袱，樹立光輝形象。

由此，我們有理由對毛澤東為魯迅墓碑的題詞產生懷疑。毛澤東為魯迅墓碑寫的是「魯迅先生之墓」。稱魯迅為「先生」，這在一般場合未始不可，但在墓碑上加不加「先生」二字，就大有講究了。這不能不反映了毛澤東是把魯迅當民主人士看待了。魯迅是非黨人士，但人們心目中從沒有把他視為民主人士的。「共產主義戰士」的稱號是毛澤東親自封的，早就深入人心。人們把他稱做「先生」，是表示尊敬，而不是表示

他是民主人士。墓碑的題詞和一般意義不同。毛澤東如果不認為魯迅是民主人士，那就完全應該在墓碑上寫「魯迅之墓」。「先生」二字，泄露了毛澤東內心祕密。

魯迅在生前寫的遺囑裏就交代：「趕快收斂，埋掉，拉倒。」（《死》，《魯迅全集》第6卷第672頁）難道他已經預見到1956年的不快？

對周揚來說，不管別人怎麼議論，他主持魯迅遷葬大典並親自扶魯迅靈柩，這是他從未預想過的莫大榮耀，對於樹立他與魯迅關係的形象起了即使寫上再多的文章也代替不了的莫大作用。毛澤東讓他打了一個大勝仗。儘管他知道毛澤東讓他出來主持這次遷葬大典，是對魯迅的貶抑，但是，廣大群眾乃至文藝界多數人士是覺察不到這點的。他有理由在全國人民面前以魯迅親密戰友的身分揚眉吐氣了。

毛澤東特別賞識周揚並不意外。就在一個月前的八大上，毛澤東就親自出馬，為周揚說好話：「大家都知道梅蘭芳，咱們黨內的梅蘭芳就是周揚。」（轉引自郝明懷《「打倒閻王，解放小鬼」時的感受》，《炎黃春秋》2011年第4期）憑這句話，周揚順利當選為八大中央候補委員。

周揚得到毛澤東格外器重，膽子格外大了。

1956年9月末，魯迅博物館開放前夕。周揚到館檢查。他看到展覽館裏展出的魯迅原稿中有《答徐懋庸並關於抗日統一戰線問題》一文，立刻下令：「這篇文章不能陳列。說不清楚，撤掉！」補充了一句：「文藝界內部的鬥爭暫不表現，等將來有了充分的材料，經過仔細的研究以後再說。」（魯迅博物館《魯迅墨跡猶在，周揚罪責難逃》，1966年8月18日《人民日報》第4版）

在和中國人民解放軍海軍某部談話中，周揚把「國防文學」和「民族革命戰爭的大眾文學」兩個口號的論爭，說成是「魯迅偏聽偏信受了騙，是中了敵人的反間計」。說什麼：

「國民黨也知道,公開不能抓他,因而包圍他,挑撥離間,進行分化也有這種可能。這個問題可以研究。我們當時是年少氣盛,缺乏經驗,只要來挑戰,我就應戰,如果是現在,任你怎麼來挑,我沉住氣不理,也就沒事了。」(紀東《冷槍毒箭30年》,1966年8月18日《人民日報》)所謂「中了敵人的反間計」,大概是說中了「內奸」胡風的反間計罷。

二

毛澤東派周揚這個魯迅的大對頭出來主持魯迅遷葬的全部工作,而且還要參與扶柩,許廣平會有什麼反應,這是人們普遍關注的。

10月15日出版的《文藝報》第十九期,發表了許廣平在遷葬前夕寫的《為魯迅逝世二十周年作》。全文如下:

> 一九三六年九月五日,魯迅在大病中稍能執筆的時候,就又寫文章了。大家都知道他曾寫了一篇題名為《死》的文章,其中有七條寫給親屬的話。這七條,似乎不算作遺囑,但其實等於是遺囑的。當馮雪峰同志見到這篇還未發表的原稿時,對其中「不得因為喪事,收受任何人的一文錢」一條,曾向魯迅建議,認為這句話的意思是正確的,但如果同志們戰友們要悼念,難道都一概拒絕嗎?魯迅聽了這個意見之後,考慮了一下,就在這一條下面加了「但老朋友的,不在此例」這兩句隱含深意的文字。

> 作為中國人民的兒子的魯迅,做著人民需要的工作,時刻為中國人民設想,時刻為千百萬被壓迫人民說話,他是沒有把個人死後的哀榮放在心上的,所以他在

死前寫了那樣的一句話，由此也可以看出他的心迹。

　　但是，對於為中國革命獻身，為人民堅持不懈地做過革命工作的戰士，人民是不能不深深地記起他，永遠懷念他。那是很自然的，因為人民事業的偉大勝利，總是和戰士們的貢獻相聯繫著的。

　　當魯迅剛一逝世的時候，黨曾代表人民從延安輾轉發出唁電，並向當時的國民黨政府提出隆重地紀念魯迅的要求（這些文件現在陳列在北京魯迅博物館中）。當時，我很快地就讀到了這些文件，心裏充滿了感激和力量。但在當時黑暗的統治下，根本不可能這樣做。不過我堅信：有人民在，有黨在，人民的願望總有一天要實現的。就因為黨的光芒的指引，二十年來，苦難的中國人民一直踏著魯迅的腳步，一步步走向光明！

　　在黨和人民的力量維護下，魯迅遺留下來的文稿、什物、以至他的棺木，絕大多數都完整無缺地保存下來。今天，當魯迅逝世二十周年的時候，我的心情是難以盡述的。我深深地感到，紀念魯迅不僅是為著他個人，更重要的也是告訴和鼓勵我們所有的文藝工作者和全體人民：魯迅雖是從舊時代來的，而當他誠懇地接受馬克思主義的思想，接受黨的指示之後，他的工作，於人民就更有意義，人民就永遠記得他。

　　再說一句：我們不是紀念魯迅個人，凡是為人民做過有益的工作，為中國革命事業貢獻過力量的戰鬥者，人民就永遠不會忘記他，黨也永遠不會忘記他。

文章有兩處值得關注。

感謝黨，沒有按照當時的慣例特別加一句感謝領袖毛主席。這表現了許廣平實事求是的文風。魯迅剛一逝世，黨就

從延安輾轉發出唁電，並向當時的國民黨政府提出隆重地紀念魯迅的要求。許廣平為此「心裏充滿了感激和力量」。當時主持發唁電的是張聞天，不是毛澤東。毛澤東當時在前線指揮戰爭，沒有參與。許廣平在文章中如果特別強調一下毛主席，顯得貶抑張聞天了。

許廣平的文章只提到一個人的名字：馮雪峰。這是有意無意地反映了她下意識的微妙活動的。當年，是馮雪峰代表黨和宋慶齡一起主持了整個魯迅葬儀的。而且是馮雪峰親自告訴她，將來革命勝利，黨一定要為魯迅舉行國葬。現在，馮雪峰卻被完全被排斥在整個活動之外，她是難以想通的。但這是毛澤東的決定，想不通也要讓自己想通。然而，壓在下意識中的思想，終於以獨特的形態冒出頭來，讓她說出被當局冷落的馮雪峰的名字。從她講的那句話看，她是完全沒有必要抬出馮雪峰的名字的。

看不出有因周揚而引起的特殊反應。

10月14日，在虹口公園舉行的移柩典禮上，許廣平作為家屬，做了發言。人們希望從她的發言中看出她的心態，這是很自然的。但媒體只在報道中極簡要地介紹了她的一句話：「我們今後一定要完成和發揚魯迅的意願，來建設新中國，團結一切可以團結的力量，為人類友好合作的、和睦的大家庭而堅持奮鬥，不斷地前進。」（《解放日報》1956年10月15日）在許廣平發言之前，已有巴金和茅盾的發言。巴金是以上海市紀念魯迅先生逝世20周年籌備委員會主任的身分發言的；茅盾是以文化部部長和魯迅生前友人的雙重身分發言的。許廣平的發言，很可能和巴金、茅盾的發言在內容上有重複之處，所以記者沒有把重複的話發表出來，只選擇最富特色的一句話介紹出來。許廣平的這句話把完成和發揚魯迅的意願落到「團結一切可以團結的力量，為人類友好合作的、和睦的大家庭而堅持奮鬥」上，

頗出人意料。意味太深長了。

我的理解，這句話首先是說給毛澤東聽的。魯迅遷葬，讓周揚出來負責全部事宜，而且要出面扶柩，決策中樞不能不做許廣平的思想工作。許廣平基於對毛澤東的無條件的崇拜，肯定會經過一番激烈的思想鬥爭，最後說服自己，要徹底改變對周揚的態度。她在魯迅的新墓前講的這句話，是向毛澤東表示，她一定會遵照毛澤東的要求，擺正與周揚的關係，忘卻過去，走向人類友好合作的和睦的大家庭。

這句話，也是說給在場的周揚聽的。實際上是向周揚遞過表示和好的橄欖枝。這個橄欖枝不僅是她個人遞送的，而且是代表著長眠在地下的魯迅遞送的，分量不輕。在遞送這個橄欖枝之前，她不僅要說服自己，更要說服長眠地下的魯迅。魯迅在逝世前不久寫的具有遺囑性的文章中，明確表示，對於眾多的「怨敵」，他一個也不寬恕。這裏的「怨敵」，是包括周揚在內的。現在，要代表魯迅向周揚遞過去橄欖枝，不能不使她感到問題的嚴重了。這該是經過了多少個不眠之夜痛苦鬥爭才做出的決定！

三

決策中樞對於魯迅的貶斥，也表現在10月19日紀念大會中宣部部長陸定一的講話上：

> 我們的政治任務，過去曾經是實現兩個革命，即是資產階級民主主義的革命，和社會主義的革命。以魯迅先生為旗幟的革命文學，曾經在這兩個革命的時期中起了巨大的作用。中國人民對於這種革命文學懷著感激的心情，因為這種革命文學能夠鼓舞人民去進行革命鬥

爭，並且取得勝利。魯迅先生將永遠受到中國人民的愛戴，他的名字將永垂不朽。

　　現在，我們還有解放臺灣的任務，還有徹底完成社會主義改造的任務，還有肅清反革命殘餘勢力的任務，但是，我們的主要的政治任務已經是社會主義建設。為了建設，我們還要爭取一個長期的和平環境。全國的文學藝術工作者，要繼承魯迅先生的精神，積極參加這個為建設的鬥爭，為和平的鬥爭。要像魯迅先生一樣，堅決地和人民大眾在一起，把自己的力量貢獻給偉大的建設事業和和平事業。（《魯迅先生逝世二十周年紀念大會上的報告和講話》，《文藝報》1956年第20號附冊，第11頁）

　　陸定一認為，魯迅曾經經歷過兩個革命：資產階級民主主義的革命和社會主義的革命。這和現在人們通常的理解很不相同。人們把解放前的革命都視為資產階級民主主義的革命，只是在十月革命以前是舊民主主義革命，十月革命以後是新民主主義革命。社會主義改造是解放後的事，那才是社會主義革命。根據人們現在通常的理解，魯迅只參加過資產階級民主主義的革命，根本不可能參加社會主義的革命。陸定一說魯迅既參加過資產階級民主主義的革命，又參加過社會主義的革命，這大概是把1925年五卅運動以前的革命定位為資產階級民主主義的革命，把五卅運動以後的革命定位為社會主義的革命。這是一個過去曾經流行過一時的說法，被毛澤東《新民主主義論》所否定的說法。儘管如此，陸定一上面那段講話的基本意思卻是很清楚的，那就是：魯迅的革命文藝思想在解放前的革命運動中，是起了積極作用的，現在已經是社會主義建設時期，魯迅那一套革命文藝思想不適用了，應該退出歷史舞臺了。今天，我們需要向魯迅學習的，只是他的全心全意為人民的精神。

我認為，我的這個詮釋是符合發言人的原意的。

1949年第一次文代會宣布新中國的文藝運動仍然以貫徹毛澤東的《講話》為大政方針，事實上是1943年之後進一步宣告魯迅的革命文藝思想的不合時宜。但是，在公開的場合，還沒有聽說有哪一位高層領導以直截明瞭的語言向公眾道出真情的。陸定一應該是第一個出來以無比明確的語言宣告這個事實的高級領導。但是，他竟然選擇了在紀念魯迅逝世20周年的大會上破門而出，這實在是令人震驚的。這哪裏是紀念，是褻瀆！沒有經過毛澤東的批准，是不可想像的。

四

建國後，毛澤東始終有一種不安感，覺得周圍布滿了表面擁護內心反對他的人。他要想辦法把這些藏而不露的傢伙挖出來。想來想去，想出了這麼個所謂「引蛇出洞」法，就是給機會讓他們自己跳出來，然後聚而殲之。

1957年初，毛澤東出於「引蛇出洞」的需要，又想到了魯迅。

1957年3月10日，毛澤東在中國共產黨全國宣傳工作會議中同新聞出版界代表談話，其中一大段涉及魯迅：

> 報上的文章，「短些，短些，再短些」，是對的；「軟些，軟些，再軟些」，要考慮一下。不要太硬，太硬了人家不愛看，可以把軟和硬兩個東西結合起來。文章寫得通俗、親切，由小講到大，由近講到遠，引人入勝，這就很好。板起面孔辦報不好。你們贊成不贊成魯迅？魯迅的文章就不太軟，但也不太硬，不難看。有人說雜文難寫，難就難在這裏。有人問，魯迅現在活著會怎

樣？我看魯迅活著，他敢寫也不敢寫。在不正常的空氣下面，他也會不寫的，但更多的可能是會寫。俗語說得好，「捨得一身剮，敢把皇帝拉下馬」。魯迅是真正的馬克思主義者，徹底的唯物論者是無所畏懼的，所以他會寫。現在有些作家不敢寫，有兩種情況：一種情況，是我們沒有為他們創造敢寫的環境，他們怕挨整；還有一種情況，就是他們本身唯物論沒有學通。是徹底的唯物論者就敢寫，魯迅的時代，挨整就是坐班房和殺頭，但是魯迅也不怕。現在的雜文怎樣寫，還沒有經驗，我看把魯迅搬出來，大家向他學習，好好研究一下。（轉引自吳江《毛澤東1957年談魯迅事》，《同舟共進》2003年第8期）

這番講話的主旨，就是要大家學習魯迅的「捨得一身剮，敢把皇帝拉下馬」的精神，投身到幫助共產黨整風的大鳴大放的熱潮中來。

在毛澤東的反覆鼓勵下，一個大鳴大放的高潮果然掀起，來得迅猛異常。毛澤東沒有想到知識分子對各個部門黨組織和黨員幹部的意見那麼大，一下子慌了手腳。但內心也暗暗高興，「引蛇出洞」的「陽謀」果然成功，這下子可以聚而殲之了。

7月10日，正是反擊右派的鬥爭突起之時，毛澤東在上海召集一些著名人士舉行座談。翻譯家羅稷南異想天開地在會上向毛澤東提出一個大膽設想的問題：如果今天魯迅還活著，他可能會怎樣？毛澤東沉思片刻，回答說：「以我估計，魯迅要麼是關在牢裏還是要寫，要麼他識大體不做聲。」這就是說，魯迅如果活在1957年，他可能成為反黨反社會主義的大右派，而且死不改悔，關進監牢還要堅持寫他的反黨反社會主義的毒草文章。這個回答同毛澤東以往公開發表的對於魯迅的崇高評價，截然對立，而且同3月10日，在全國宣傳工作會議中同新

聞出版界代表談話，截然相反。這是完全出乎人們意料的。顯然，毛澤東是被大鳴大放來勢完全出於他意料的凶猛嚇住，才對魯迅作出完全不同於四個月前的估計。

周揚雖然人在北京，沒有參加那次座談，但是，如此重大的消息不會沒有耳報神向他通報的。這股來自最高領導的貶魯逆流，對於周揚來說，是一個改寫三十年代歷史千載難逢的機會。

儘管毛澤東1956年給周揚樹立了魯迅親密戰友的形象，但是他的心病並未解除。魯迅的那篇《答徐懋庸並關於抗日統一戰線問題》始終是壓在心頭的一個特大腫瘤。只有徹底批倒馮雪峰才有可能翻30年代文藝的案。1957年，機會終於來到。

周揚和夏衍等人經過一番準備，8月14日，在作協黨組批判丁、陳反黨集團第17次大會上，夏衍作了轉移鬥爭方向、被人們稱為「爆炸性」的發言。在那個發言裏，夏衍把30年代的舊賬翻了出來：

> 直到今年八月為止，我們一直以為《答徐懋庸並關於抗日統一戰線》這篇文章是魯迅先生手筆。現在雪峰承認了這篇文章是他起草的。請在座的同志們重新讀一遍這篇文章。別的問題這裏不談，我只談其中有所謂「內奸」問題的一段。雪峰同志是一貫主張真實性和藝術的真實的，但是他起草的這一篇文章，不論描寫的細節和內容，都是不真實的。

夏衍的發言是抓住「雪峰承認了這篇文章是他起草的」這個關鍵大做文章的。夏衍的意思很明顯，既然文章不是魯迅寫的，就可以理直氣壯地給文章以徹底否定的評價，「不論描寫的細節和內容，都是不真實的」了。他，和他的後臺周揚都沒有注意到，馮雪峰僅僅承認了這篇文章是他「起草」的，並沒

有承認這篇文章是他最後定稿的。因此，夏衍的指斥事實上是把矛頭直接指向了魯迅。但是，周揚還嫌火力不夠，沒有打中要害，自己按捺不住，站了起來，氣勢洶洶地對馮雪峰進行刺刀見紅的指斥。其中最主要的是這麼兩點：一、《答徐懋庸》中「輕易誣陷別人為內奸……我甚至懷疑過他們是否系敵人所派遣」一段話，是對周揚們的「政治迫害」。二、把左翼內部爭論公開發表出來，也等於「公開向敵人告密」。這兩點，正是周揚要說的重中之重而夏衍說了半天沒有說到的。這是更加明目張膽地把矛頭指向魯迅了。

夏衍的發言是周揚和他共同炮製的。讓夏衍出面發言，自己躲在幕後，是原定的方針；現在，周揚按捺不住，自己跳到前臺來，這就自我暴露了夏衍唱的是出雙簧戲，而周揚才是這齣戲的真正主角。——狂熱的「仇魯情結」使他忘乎所以了。

這次大會以後，批判丁、陳的大會轉為集中批判馮雪峰的大會。周揚利用中央把劃右派的權力下放給中央各部、委黨組的機會，把馮雪峰劃為右派。

周揚在把馮雪峰打成右派的基礎上，進一步在《答徐懋庸》一文的注釋上做文章。

1957年10月，周揚讓邵荃麟出面和馮雪峰談話。談話內容是：「你想留在黨內，必須有所表現，具體說，《答徐懋庸並關於抗日統一戰線問題》所引起的問題，你應該出來澄清，承認自己當時是在魯迅重病和不瞭解情況之下，你為魯迅起草了《答徐懋庸》的文章的。」邵荃麟還向馮雪峰提出，將於1958年出版的《魯迅全集》第6卷有關《答徐懋庸》一文的注釋，周揚的意思，應該由你馮雪峰來寫，交換條件是保留黨籍。馮雪峰在強大的壓力之下，也在爭取保留黨籍的僥幸心理之下，按照周揚的要求，起草了《答徐懋庸並關於抗日統一戰線問題》的注釋。1957年10月，人民文學出版社把注釋稿送請周揚審查。

注釋稿全文如下：

本篇最初發表於1936年8月《作家》月刊第1卷第5期。

中國共產黨於1935年8月1日發表宣言向國民黨政府、全國各黨各派和各界人民提出了停止內戰、一致抗日的主張，到該年12月更進一步決定了建立抗日民族統一戰線的政策，得到全國人民的擁護，促進了當時的抗日高潮。在文藝界，宣傳和結成廣泛的抗日民族統一戰線，也成為那時最中心的問題；當時中國共產黨領導下的革命文學界，於1936年春即自動解散「左聯」，籌備成立「文藝家協會」，對於文學創作問題則有關於「國防文學」和「民族革命戰爭的大眾文學」兩個口號的論爭。魯迅在本文以及他在6月間發表的《答托洛斯基派的信》和《論現在我們的文學運動》中，表示了他對於抗日民族統一戰線政策和當時文學運動的態度和意見。

這裏應該指出的，由於當時國民黨反動派的造謠破壞，以及暗藏反革命分子胡風和其他壞分子在「左聯」內部進行挑撥離間活動，本文中對於當時領導「左聯」工作的黨員作家周起應（周揚）等的指責，例如說「輕易誣陷別人為『內奸』，為『反革命』，為『托派』，以至為『漢奸』……」，這是同事實不符的。根據1957年8月在中國作家協會黨組批判丁、陳反黨集團的擴大會議上馮雪峰的檢討以及周揚、夏衍等的對證，所謂「誣陷別人為『內奸』，為『反革命』，為『托派』，以至為『漢奸』……」完全是敵人所造的謠言。又本文中「有一個青年，不是被指為『內奸』因而所有朋友都和他隔離……」一段裏的所說的兩個青年，現在也已經由事實證明，一個是叛徒彭柏山（是在1955年肅反中

查出），一個則並非事實。當時新從陝北到上海而同魯迅很接近的黨員作家馮雪峰，根據自己的檢討，對於上述這些不符事實的指責，也要負嚴重的責任，因為由於當時環境關係，魯迅不可能對一切事實都進行調查和對證，而本文是他同馮雪峰商量過以後發表的；馮雪峰當時卻由於對周揚等採取宗派主義的態度，相信了敵人和壞分子的謠言，並沒有向魯迅進行解釋、分析和幫助他對證事實。（據《紅旗》1966年第9期影印件）

　　周揚審閱，第一段是文章出處的交代，沒有問題，通過。對第二段，周揚非常滿意，一字未改，予以通過，因為它肯定了「自動解散『左聯』，籌備成立『文藝家協會』」的正確，肯定了「國防文學」口號的正統地位。對第三段則極為不滿。主要的問題是，把周揚等人「輕易誣陷別人為『內奸』，為『反革命』，為『托派』，以至為『漢奸』……」之類的事亮出來，豈非往自己臉上抹黑！必須斃掉重寫。在周揚親自策劃下，由林默涵執筆重寫。但為了表明這段文章的重寫是符合馮雪峰的意思的，林默涵寫出之後還讓馮雪峰過目。周揚定稿的第三段是：

　　　　徐懋庸給魯迅寫那封信，完全是他個人的錯誤行動，當時處於地下狀態的中國共產黨在上海的文化界的組織事前並不知道。魯迅當時在病中，他的答覆是馮雪峰執筆擬稿的，他在這篇文章中對於當時領導「左聯」工作的一些黨員作家採取了宗派主義的態度，做了一些不符合事實的指責。由於當時環境關係，魯迅在定稿時不可能對那些事實進行調查和對證。（《魯迅全集》，第6卷，人民文學出版社1958年版第614頁）

首先，「徐懋庸給魯迅寫那封信，完全是他個人的錯誤行動，當時處於地下狀態的中國共產黨在上海的文化界的組織事前並不知道」，這樣一來，魯迅在《答徐懋庸》中稱徐懋庸的信代表周揚一夥的意見，就失去了根據，周揚等人攻擊魯迅的事實也不存在了。

　　其次，《答徐懋庸》「是馮雪峰執筆擬稿的」，「這篇文章中對於當時領導『左聯』工作的一些黨員作家採取了宗派主義的態度，做了一些不合事實的指責」，是馮雪峰一手幹的。這是說，《答徐懋庸》一文是馮雪峰利用了「魯迅在定稿時不可能對那些事實進行調查和對證」的局限，讓魯迅被馮雪峰牽著鼻子走了。這樣，就一舉把《答徐懋庸》對周揚的指斥洗刷得乾乾淨淨。

　　那條注釋就是這樣由周揚一手炮製出來。事後，馮雪峰照樣被開除黨籍，上了周揚一個大當。

　　這個注釋，完全可以由周揚自己動筆寫，或讓他的得意下屬林默涵等人去寫；他卻硬要馮雪峰去寫，這是有很深的用意的。注釋如果讓他或他的下屬寫，則別人會說這是利用手中權力為自己塗脂抹粉。讓馮雪峰寫，就可以名正言順地表示，這是當初替魯迅草擬初稿的馮雪峰良心發現之後的出自肺腑之言，具有極大的說服力。而且，讓當年整他的馮雪峰屈服於他的意志，讓馮雪峰體嘗一下自作自受的滋味，也是一種快意的報復。但是，他又怕倔傲的馮雪峰不肯屈服，於是又想出一個絕招：用保留黨籍的謊言欺騙馮雪峰就範。等到《答徐懋庸》的注釋騙到手，又自食其言把馮雪峰開除出黨。這種凶狠毒辣奸偽欺詐的手段，實在是做得太絕了。

　　配合改寫的注釋，周揚對魯迅的書信動刀。1957年底，周揚讓林默涵出面，通過人民文學出版社常務副社長王任叔向魯編室負責人作了這樣的指示：

關於兩個口號的問題，當時上海文藝界的情況很複雜，有些人是借用這兩個口號的爭論攻擊周揚同志的，因此，書信中凡是有關兩個口號的問題，都不要收入。（轉引自許廣平《不許周揚攻擊和誣衊魯迅》，《人民日報》1966年9月20日）

所謂「有些人是借用這兩個口號的爭論攻擊周揚同志的」，全屬假話。事實是，魯迅的書信中有關兩個口號論爭的言詞，如果讓大眾看到，對周揚太不利了。如1936年9月15日致王冶秋信：

這裏有一種文學家，其實就是天津之所謂青皮，他們就專用造謠，恫嚇，播弄手段張網，以羅致不知底細的文學青年，給自己造地位；作品呢，卻並沒有。真是惟以嗡嗡營營為能事。如徐懋庸，他橫暴到忘其所以，竟用「實際解決」來恐嚇我了，則對於別的青年，可想而知。他們自有一夥，狼狽為奸，把持著文學界，弄得烏烟瘴氣。我病倘稍愈，還有給以暴露的，那麼，中國文藝的前途庶幾有救。現在他們在利用「小報」給我損害，可見其沒出息。（《魯迅全集》第13卷第426頁）

這樣的信公開出來，豈不是宣告周揚煞費心機炮製出來的注釋徹底破產嗎！

經過篩選，確認必須封殺掉的書信二十多封。按說，在出版《魯迅全集》的書信卷時，只要把這二十多封信抽去便可以。然而，周揚卻犯了愁。1956年出版《魯迅全集》第1卷的時候，曾明確昭告，《全集》書信卷將把已經收集到的

一千一百九十五封信全部編入。現在要砍去二十多封，如何向讀者交代，成了大問題。周揚想出絕招：乾脆多多地封殺一批，編造個理由蒙混過去。這一下，一舉再砍掉八百六十封。第9卷的說明是：「我們這次印行的《書信》，系將1946年排印本所收八百五十五封和到現在為止繼續徵集到的三百一十封，加以挑選，即擇取較有意義的，一般來往信件都不編入，共計三百三十四封。」——「擇取較有意義的，一般來往信件都不編入」，為了封殺二十多封信，竟不惜拿八百多封信來陪葬，真是駭人聽聞。

經過這麼一番努力，周揚改寫30年代歷史的意圖終於如願以償。

周揚為什麼敢於如此膽大妄為，不正是毛澤東給開的綠燈嗎！

1958年2月28日《人民日報》發表周揚《文藝戰線上一場大辯論》，周揚對他領導的反右鬥爭的勝利，作了極為得意的總結。毛澤東在文章發表前作了審閱，並加了一些重要文句。其中有一句如此肯定反右的偉大意義：「基本的道路算是開闢了，幾十路、幾百路縱隊的無產階級文學藝術戰士可以在這條路上縱橫馳騁了。」這表明了，他對於周揚領導的鬥爭是怎樣的滿意！

毛澤東是非常關心1958年新版《魯迅全集》的編輯工作的。周揚在《答徐懋庸》的注釋中歪曲歷史攻擊魯迅的筆墨，毛澤東會看不出來？周揚那麼猖狂地封殺魯迅的八百多封信，毛澤東會發現不出？可是毛澤東視若無睹。還把這個十卷本的《魯迅全集》印成大字本，供自己閱讀。也發給一些年老的高層領導，供他們閱讀。這還不夠耐人尋思嗎？

可以說，1957年周揚對魯迅的大踐踏大侮弄大褻瀆，其後臺不是別人，就是毛澤東。

五

1958年12月21日，毛澤東在廣州讀了文物出版社的《毛澤東詩詞十九首》後，在天頭寫下這樣的批注：

> 魯迅1927年在廣州，修改他的《古小說鈎沉》，然後說道：於時雲海沉沉，星月澄碧，饕蚊遙嘆，予在廣州。從那時到今天，三十一年了，大陸上饕蚊減得差不多了，當然革命尚未全成，同志仍須努力。港臺一帶，饕蚊尚多，西方世界，饕蚊成陣。安得起全世界各族千百萬愚公，用他們自己的移山辦法，把蚊陣一掃而空，豈不偉哉！擬仿陸放翁曰：人類今已上太空，但悲不見五洲同。愚公掃盡饕蚊日，公祭不忘告馬翁。（轉引自黎之《毛澤東詩詞的傳抄、發表和出版》，《新文學史料》2006年第3期）

由自己的詩詞聯想到魯迅，聯想到世界革命乃至世界革命的最後勝利，洋洋自得，心情很不錯。這肯定是視察了當地大煉鋼鐵熱火朝天的景象、看了人民公社食堂吃飯不要錢的共產主義即將到來的景象之後的反應。

想到魯迅，這表明，上一年毛澤東的魯迅可能成為右派的話，那只是一時的感觸。那終究是出現在毛澤東想像中的魯迅，現實中的魯迅並無反黨言論；豈僅沒有反黨言論，還有對毛澤東表示了極為友好的言論，為毛澤東在白區樹立了光輝的形象。這是真實的魯迅。而成為大右派卻是虛幻的。因此，及至後來感情平復下來，也就恢復了對魯迅較正常的態度了。

1958年以後，大躍進、人民公社造成的巨災大禍終於不以

人的意志為轉移地暴露出來。三年折騰，餓死兩千萬人（一說三千萬人），餓殍遍野，沒餓死的芸芸眾生也還在飢餓線上掙扎，朝不保夕。毛澤東堅持他的三面紅旗正確，認為缺點也只是十個手指頭與半個小指頭之比。

武漢大學校長、中共一大代表李達公開宣告：「像這樣搞下去，共產主義會變成破產主義，大躍進會變成大後退，人民公社會變成人民空社！」毛澤東認為，這是漏網大右派自己跳出來，他只要伸一個指頭就可以把對方掐死。

1961年10月，他還把魯迅的一首詩寫給了日本來華訪問的友人：

> 萬家墨面沒蒿萊，
> 敢有歌吟動地哀。
> 心事浩茫連廣宇，
> 於無聲處聽驚雷。

在毛澤東看來，日本當時是處在「萬家墨面沒蒿萊」的悲慘境地中。他居然沒看到，真正處於「萬家墨面沒蒿萊」的悲慘境地的，不是日本，而是他領導的中國大陸。

在毛澤東看來，「敢有歌吟動地哀」的是處在法西斯統治下的日本現狀，他沒有覺得，真正處於「敢有歌吟動地哀」的，是處在他「馬克思主義加秦始皇」統治下的中國大陸現狀。

他寫這首詩實際上是一個對自己的天大諷刺。他的自我感覺太良好了。

「於無聲處聽驚雷」。毛澤東終於不得不從自我陶醉中清醒過來，聽到了在他身邊響起的驚雷。

中蘇關係徹底破裂，赫魯曉夫照會美國政府要對中國核試驗基地施行核打擊。

劉少奇在四清問題上公然和他唱反調，弄得不好，有可能
要重上井岡山。

　　在這樣嚴峻的情勢下，毛澤東無暇也無心在魯迅身上做文
章了。

惡用階段

（1966-1976）

陸、

惡用階段（1966-1976）

一

　　事情要從1965年11月10日說起。這一天，上海《文匯報》發表了姚文元的《評新編歷史劇〈海瑞罷官〉》。這是江青奉毛澤東之命越過政治局常委以暗箱操作的方式炮製出來的重型炮彈，以打擊北京市副市長、劇作者吳晗為目的。早在一年前的夏天，在毛澤東的授意下成立了「中央文化大革命五人小組」。成員有彭真、陸定一、康生、周揚，吳冷西。彭真為組長，陸定一為副組長。除康生外，其他四人誰也不知道姚文元文章的來頭，認為吳晗是北京市副市長，而且《海瑞罷官》這個劇是毛澤東鼓勵吳晗寫的，因而拒絕在北京的報紙轉載。由於內情逐漸為彭真等人得知，不得已在11月末先後在《北京日報》和《人民日報》轉載。《人民日報》是放在「學術研究」專欄裏轉載的。文前並加了「編者按」：「我們的方針是：既容許批評的自由，也容許反批評的自由，對錯誤的意見，我們也採取說理的方式，實事求是，以理服人。」1966年1月3日，在彭真的主持下，制定出《中央文化革命五人小組關於當前學術討論的彙報》。文件提出：「要堅持實事求是，在真理面前人人平等的原則，要以理服人，不要像學閥一樣武斷和以勢壓人。」經毛澤東審閱通過。1966年2月12日以中共中央文件印發全黨。不料3月末毛澤東在杭州和康生、江青、張春橋等人談話後，聲稱：「北京市委、中央宣傳部包庇壞人，不支持左

派」；「北京市針插不進，水潑不進，要解散市委」；「中宣部是閻王殿，要打倒閻王殿，解放小鬼」。4月10日，經過毛澤東親自審批修改的《林彪同志委托江青同志召集的部隊文藝工作座談紀要》，以中共中央名義發給全黨。4月16-24日，毛澤東以中央主席的名義在杭州召開政治局常委擴大會議上，宣布撤消《中央文化革命五人小組關於當前學術討論的彙報》，撤消五人小組，重新建立文化大革命小組。（據辛子陵《毛澤東全傳》第4卷第317-319頁）

「無產階級文化大革命」的大幕由此揭開。

1966年開始橫掃神州大陸達十年之久的政治大風暴，是以徹底摧毀劉少奇「修正主義」黑線為目的的。運動不以政治大革命命名卻稱之為「文化大革命」，並從文藝領域開刀，這是出自大樹特樹江青的既定方針。毛澤東的接班人是林彪，這是已經寫進黨章的。但毛澤東也看到，林彪年事已高，且體弱多病，能不能接上他的班還很難說。必須未雨綢繆，找一個二號接班人。這個二號接班人，他選中了江青。江青建國後擔任中共中央宣傳部電影處處長、文化部電影事業指導委員會委員。論資排輩，她是很缺乏政治本錢的。她卻很有辦法，用巧取豪奪的手段「搞」出了幾個現代革命京劇樣板戲，一舉獲得文藝革命旗手的身分。1964年10月25日，毛澤東更讓江青代表他接見控告中央美術學院領導的學生代表。江青對學生代表說：「你們的信，主席看到了。最近他忙一些，讓我見見大家，轉告大家，主席支持大家的意見。今天聽聽大家的意見。」在聽了意見並發表了對一些美術作品的批評意見之後，說：「聽了大家的意見，看來美院是稀爛了。大家說美院近在中央身邊，也確實如此。我沒有去過美院，國家大，沒有力量摸。美院看來是抓晚了。你們放心，不搞清不下戰場，不獲全勝，決不收兵！」──「我沒有去過美院，國家大，沒有力量摸。」已經

是國家領導人的口氣了。1965年底，更和林彪掛鈎，搞出一個《江青同志召集的部隊文藝工作座談會紀要》。原稿經過毛澤東三次審閱，並親自增寫了重要語句，還在「江青同志召集的部隊文藝工作座談會紀要」的前面加上了「林彪同志委託」六個字。這個增添意味深長，實際上已經透露出江青內定為第二號接班人的消息了。果然，文化大革命的帷幕一拉開，中共中央政治局名存實亡，中央文革小組取代了政治局，江青榮任文革小組第一副組長，代組長。毛澤東終於把第二號接班人「培養」出來了。

1966年4月10日以中發（66）211號中央紅頭文件發出的《林彪同志委託江青同志召集的部隊文藝工作座談會紀要》，其中這樣提到30年代文藝：

> 要破除對所謂30年代文藝的迷信。那時，左翼文藝運動政治上是王明的「左傾」機會主義路線，組織上是關門主義和宗派主義，文藝思想實際上是俄國資產階級文藝評論家別林斯基、車爾尼雪夫斯基、杜勃羅留波夫以及戲劇方面的斯坦尼斯拉夫斯基的思想，他們是俄國沙皇時代資產階級民主主義者，他們的思想不是馬克思主義，而是資產階級思想。資產階級民主革命，是一個剝削階級代替另一個剝削階級的革命，只有無產階級的社會主義革命，才是最後消滅一切剝削階級的革命，因此，決不能把任何一個資產階級革命家的思想，當成我們無產階級思想運動、文藝運動的指導方針。30年代也有好的，那就是以魯迅為首的戰鬥的左翼文藝運動。到了30年代的中期，那時左翼的某些領導人在王明的右傾投降主義路線的影響下，背離馬克思列寧主義的階級觀點，提出了「國防文學」的口號。這個口號，就是資產

階級的口號，而「民族革命戰爭的大眾文學」這個無產階級的口號，卻是魯迅提出的。（葉按：「30年代也有好的……卻是魯迅提出的。」這幾句話是毛澤東親筆添寫的。）

這是一段極怪的文章。

「文藝思想實際上是俄國資產階級文藝評論家別林斯基、車爾尼雪夫斯基、杜勃羅留波夫以及戲劇方面的斯坦尼斯拉夫斯基的思想」：把別林斯基、車爾尼雪夫斯基、杜勃羅留波夫定位為「資產階級文藝評論家」，實在是「左」得可怕。列寧早就給了這三位文藝評論家以很高的評價，認為他們是「俄國馬克思主義的先驅」。斯大林（臺灣譯「史達林」）時期，蘇聯思想界更推崇他們為俄國社會民主黨（共產黨）的先輩，（據《胡風全集》補遺卷，湖北人民出版社2013年版，第403-404頁）斯坦尼斯拉夫斯基是在蘇聯獲得「人民藝術家」稱號的大師。把他的戲劇思想也歸結為資產階級思想，更是「左」到發昏。

30年代中國文藝運動的指導思想，明明是社會主義現實主義的理論思想，這是人所共知的常識，《紀要》的撰寫者和定稿者硬要把它歪曲為資產階級思想，充分暴露出他們的惡毒用心。

「到了30年代的中期，那時左翼的某些領導人在王明的右傾投降主義路線的影響下，背離馬克思列寧主義的階級觀點，提出了『國防文學』的口號。」周揚提出的「國防文學」口號，是存在若干問題的，但不能說是犯了路線錯誤。（詳見拙作《周揚提出「國防文學」的理論依據》，《魯迅研究月刊》2008年第12期）至於王明，當時執行的是一條完全正確的無產階級革命路線。

1935年八月一日，中共駐第三國際代表團團長王明，根據共產國際有關在各國建立反法西斯統一戰線的指示精神，以中華蘇維埃中央政府、中共中央的名義在莫斯科發表《為抗日救

國告全體同胞書》，（簡稱「八一宣言」），號召建立抗日民族統一戰線。八月七日，王明在共產國際第七次代表大會上作出的《論反帝統一戰線問題》發言中，特別強調指出無產階級在統一戰線內掌握領導權的重要。不妨把原話引錄一些出來：「有些人以為：共產黨參加反帝統一戰線，就是削弱了為無產階級和蘇維埃政權的鬥爭，這當然是完全不正確的。在革命運動中的無產階級領導權——這絕不是一個抽象的口號，也不是一句空話而是具體的事情；它的表現，首先就是無產階級及其政黨在革命運動中對同盟者（農民、城市小資產階級）加以思想上、政治上和組織上的領導，由爭取日常要求的局部鬥爭起，直到鬥爭底國家形式止。無產階級領導權不會自己來到的，共產黨員應當進行有系統的、不顧犧牲的實際鬥爭，去奪取這種領導權。」（陳紹禹《論反帝統一戰線問題》，巴黎亞洲出版社1935年10月版）王明不僅強調了無產階級在統一戰線的領導權，而且指出奪取領導權的途徑。《紀要》稱王明推行的是右傾投降主義路線，純屬信口開河。當時在陝北的中國共產黨不是也對王明的《八一宣言》竭誠認同嗎？王明是在抗戰初期任長江局書記的時候犯了右傾錯誤的，把這之前發表《八一宣言》時的王明歸結為右傾，是只能騙騙盲信的群眾的。

「國防文學」「這個口號，就是資產階級的口號，而『民族革命戰爭的大眾文學』這個無產階級的口號，卻是魯迅提出的」。這是經不起推敲的論斷。早在延安，1937年5月，當時任中央局宣傳部部長的吳黎平，在邊區「文協」召開的討論兩個口號問題的座談會上，對兩個口號論爭的問題作出結論性的發言：「對於『國防文學』和『民族革命戰爭的大眾文學』這兩個口號的論爭，我們同毛主席、洛甫、博古等也作了一番討論，認為在當前，『國防文學』這個口號是更適合的。『民族革命戰爭的大眾文學』這個口號，作為一種前進的文藝團體的

標志是可以的，但用它來作為組織全國文藝界的聯合戰線的口號，在性質上是太狹窄了。」（轉引自艾克恩編纂《延安文藝運動紀盛》，文化藝術出版社1987年版，第19頁）這是把周揚提出「國防文學」口號抬到「唯我獨尊」的高度，而「民族革命戰爭的大眾文學」被貶為不起大作用的口號。到了1957年反右鬥爭期間，毛澤東縱容周揚借打擊馮雪峰的機會大肆攻擊魯迅。怎麼到了1966年竟然來個大翻個，周揚提出的「國防文學」這個口號居然成了資產階級的口號，而魯迅提出的「民族革命戰爭的大眾文學」成了獨一無二的無產階級口號。豈不怪哉！

　　「30年代也有好的，那就是以魯迅為首的戰鬥的左翼文藝運動。」既然說有一個「以魯迅為首的戰鬥的左翼文藝運動」，則有為首的，必有跟從的。不然，也不成其為「戰鬥的左翼文藝運動」了。那麼，在《紀要》的定稿人心目中，成為這個「戰鬥的左翼文藝運動」的成員又有誰呢？似乎找不出一個。魯迅最親密的戰友，無疑是胡風與馮雪峰。胡風已經在1955年被打成「反革命集團」頭目，馮雪峰也在1957年被打成大右派。《紀要》的話如果算數，那就應該立即給他們兩個平反昭雪。《紀要》的定稿人做了嗎？沒有。魯迅心目中重要的左翼作家，有丁玲、蕭軍。然而，丁玲已於1957年被打成叛徒、大右派。蕭軍也於1957年被周揚加封為「壞分子」。《紀要》的話如果算數，那就應該立即給他們兩個平反昭雪。《紀要》的定稿人做了嗎？沒有。魯迅視為戰友並未打成反革命的就更多了，如茅盾、葉紫、張天翼、陳白塵、沙汀、艾蕪、蕭紅等等等等，他們的作品允許在文革期間公開閱讀嗎？不是都作為毒草封殺了嗎？甚至連犧牲在國民黨反動派屠刀下的左聯五烈士的作品，也同樣遭受封殺的命運。事實無情地表明，在《紀要》定稿人的封殺下，整個運動只有魯迅孤家寡人一個，魯迅成了「空軍」司令，根本不存在一個「以魯迅為首的戰鬥的左

翼文藝運動」。所謂「30年代也有好的，那就是以魯迅為首的戰鬥的左翼文藝運動」，純屬一句空話，一句假話，一句騙人的謊話。

魯迅，早在1943年就被毛澤東趕下「神壇」，到了1966年，怎麼一下子又被請上「神壇」，成為左翼文藝運動的首領了呢？

這就無情暴露了，《紀要》的定稿人完全是把魯迅當作打倒周揚的工具在使用。周揚，尤其是在1936年解散左聯、提出「國防文學」口號、反對「民族革命戰爭的大眾文學」口號這一系列行動，確實幹了不少攻擊魯迅的錯事而遭到魯迅的抨擊。這使《紀要》的定稿人覺得，借魯迅的名字打周揚，搞臭周揚，是一著妙棋。於是，親自在《紀要》裏加上一段兩個口號問題的文字，魯迅成了一張直接打擊周揚的王牌。

《紀要》的這段把周揚和魯迅的矛盾說成是兩條路線矛盾的文字，揭開了決策中樞「打魯迅牌」的大幕。

凡是懷著背離歷史要求的現實功利目的、假借魯迅的名義進行的活動，都可以說是「打魯迅牌」。建國後，「打魯迅牌」的現象屢有出現；到了1955年反胡風鬥爭，此風大盛；1957年反右鬥爭，此風加猛；到了所謂「無產階級文化大革命」，更發展到史無前例的頂峰。1955年和1957年，是周揚在毛澤東的支持下「打魯迅牌」，整胡風、胡風分子，整丁玲、馮雪峰等右派；到了1966年，則是毛澤東親自「打魯迅牌」，整的是他昨天全力支持的周揚。決策人的韜略，深不可測。

《紀要》沒有點出周揚的名字，正式公開點名的是發表在7月1日出版的《紅旗》第9期的《周揚顛倒歷史的一支暗箭——評〈魯迅全集〉第六卷的一條注釋》。文章對周揚在《答徐懋庸》一文的注釋上玩弄的花招，作了揭發。揭發出的內情是廣大群眾從未知道的，激起群眾公憤。但是，細心的讀者不免要

問：周揚炮製這支毒箭的時候，不是得到毛澤東的支持和縱容的嗎？怎麼那時候認為是香花的現在成了毒箭了呢？──只須一問，最高一人「打魯迅牌」的用心畢露了。

周揚到了延安，一直受到毛澤東的器重。《講話》發表後周揚對《講話》不遺餘力地貫徹，在全黨範圍成為最傑出的典範。周揚是毛澤東最信得過的文藝總管，是「中國的日丹諾夫」。周揚在1966年被打成文藝黑線的頭目，真正的原因在於這年年初他在彭真領導的五人小組裏站在彭真一邊，反對毛澤東發動的對吳晗《海瑞罷官》的批判。在毛澤東看來，這是周揚對他的背叛，他不能輕易饒過周揚。這才有了經過他親自三次審閱三次增改的《林彪同志委託江青同志召集的部隊文藝工作座談會紀要》的出籠。

本來，要把周揚打下去，只要如實地指出他在五人小組與彭真沆瀣一氣的事實就可以。毛澤東卻偏要把周揚在延安文藝座談會召開後所有的擁戴毛澤東的行為統統否定掉，在1966年7月1日《人民日報》重新發表《講話》的編者按語裏加上一筆：「二十四年來，周揚等人始終拒絕執行毛澤東同志的文藝路線，頑固地堅持資產階級、修正主義的文藝路線。」毛澤東出於嚴懲周揚的目的，不惜不顧眾所皆知的事實，自己打自己的耳光。

人們不禁要問：

既然周揚二十四年來始終拒絕執行你的文藝路線，那第一次文代會上為什麼不讓別人而偏要讓周揚宣布新中國的文藝運動仍然以執行你的文藝路線為大政方針呢？

既然周揚二十四年來始終拒絕執行你的文藝路線，那為什麼建國後不是讓別人而是讓周揚長期擔任「文藝總管」的要職呢？

既然周揚二十四年來始終拒絕執行你的文藝路線，那又為什麼把科學院的「院士」桂冠不是賞賜給真正夠水平的人而是賞賜給了根本不夠格的周揚呢？

既然周揚二十四年來始終拒絕執行你的文藝路線，那為什麼中共八大會上不是為別人當委員操心而是為周揚當委員而當眾為之吹捧譽之為「文化界的梅蘭芳」呢？

　　顯然，毛澤東只顧得個人出氣，忘卻了這麼一來他不是犯了嚴重失察的錯誤，大大有損他的絕對正確的光輝形象了嗎？

　　姚文元不愧是善於先意承志的能手。他及時寫出三萬言長文《評反革命兩面派周揚》。在這篇文章裏，他使出渾身解數，把周揚描畫成一個極端狡猾極端陰險的反革命兩面派：「他一貫用兩面派手段隱藏自己的反革命政治面目，篡改歷史，蒙混過關，打著紅旗反紅旗，進行了各種罪惡活動」。姚文元表明，不是毛澤東嚴重失察，而是周揚這個反革命兩面派太狡猾太陰險了。但是，再狡猾再陰險的敵人也逃不過毛澤東洞察一切的眼，周揚的真面目終於被毛澤東親自識破，表明瞭毛澤東不愧是英明偉大的領袖。

　　此文寫出，送呈毛澤東審閱，毛澤東批曰「極好」。立即在1967年初的兩報一刊同時頭題登出。

　　姚文元在他的這篇文章裏，為了把周揚描繪成極端狡猾極端陰險的反革命兩面派，玩弄了匪夷所思的詭辯手段。很有必要欣賞，只舉一例。

　　姚文元對周揚在1955年反胡風鬥爭中兩面派手段的「揭發」——

　　　　周揚的思想同胡風思想本質上是一樣的，他同胡風一樣，反覆鼓吹「藝術的最高原則是真實」（1952年），反對馬克思主義世界觀，反對毛澤東思想。他同胡風一樣，反對文藝為工農兵服務的方向，反對作家深入到工農兵鬥爭中去，甚至狂妄地說「不去，也還是可以結合的」，「我們和工農兵是要分工的」（1949年），公

然以貴族老爺自居。他同胡風一樣，反對寫重大題材，反對文藝為無產階級政治服務，大力鼓吹所謂「選擇題材」上要有「完全自由」，要「最大限度地保證這種自由」（1953年）。他同胡風一樣，主張資產階級人道主義和人性論，反對階級分析，用所謂「新的國民性的成長的過程」（1949年）之類人性論的語言，來歪曲勞動人民的階級面貌和階級性格。他同胡風一樣，提倡「創作就是一個作家與生活格鬥的過程」、就是「主觀和客觀完全融合」「物我一體」（1941年）之類極端反動的主觀唯心論的創作方法。他同胡風一樣，把西方資產階級文藝奉為至高無上的祖師。胡風的反動文藝思想，周揚都有，只是偽裝得更巧妙些。1952年，周揚、林默涵等人召開過一個所謂「批判」胡風的座談會，在會上就吹捧胡風是「政治態度上擁護毛澤東同志」的，「在大的政治方向政治鬥爭上」，是「同黨站在一起的」，甚至把這個反革命頭目捧做「非黨的布爾什維克」。完全暴露了周揚一夥同胡風「政治方向」上是一致的。胡風反革命集團所以要攻擊周揚等人，並不是也不可能是攻擊周揚的這一套。正如《人民日報》編者在《關於胡風反革命集團的第三批材料》的按語中指出的：「反革命分子的攻擊少數人不過是他們的藉口」，他們攻擊的目標是我們的黨，是毛澤東思想。可是周揚卻利用反胡風鬥爭投了一個機，他抓住攻擊他周揚這個假像，把自己打扮成好像是毛澤東文藝路線的代表者。從此就神氣起來了。從此就更加露骨地使用打著紅旗反紅旗的手段了。其實，拆穿了，這是一場政治投機，是一個大騙局。（《紅旗》1967年第1期）

通段文章是東摘幾個字西摘幾個字拼湊起來的。這樣的東西只能讓有識之士笑掉大牙。尤其是說到周揚居然會在1952年批判胡風的會上稱胡風為「非黨的布爾什維克」，更是荒誕之至。那次會議是專門為批判胡風而召開，集中火力批判他反對毛澤東文藝思想，周揚怎麼可能稱胡風為「非黨的布爾什維克」呢！《新文學史料》2007年第2期發表過周揚當時的發言記錄。只要看看周揚說的這句話就夠了：「今天也並不是說文藝上的小集團一概不應該存在。事實上也是有的，例如巴金他們就是。但不能與黨對立，另搞一套，而且還要自命為無產階級的東西，還要用來指導運動，那是辦不通的。」（舒蕪《參加胡風文藝思想討論會日記抄》）憑周揚斥責胡風的這些話，就宣告姚文元編造的「神話」破產了。

儘管姚文元的文章破綻百出，不值識者一嗤，但它對一般群眾卻有極大的迷惑作用。它發表在黨中央最權威的的兩報一刊上，而且毛澤東還給以「極好」的評價，一般群眾還會產生什麼懷疑呢？

姚文元這篇《評反革命兩面派周揚》，全篇都是胡編亂扯的鬼話，毛澤東決不會看不出。然而他需要的就是這樣的鬼話，它使毛澤東有了一個極為有力的根據，表明不是他失察，而是周揚這個反革命兩面派太狡猾、太陰險了。所以他在此文上批曰「極好」。

二

「打魯迅牌」的狂潮，出現在這年所謂紀念魯迅的活動上。

1966年10月19日是魯迅逝世30周年祭。這一天理應開紀念大會，可是沒有開，只在《人民日報》第二版頭條發表了一篇社論《學習魯迅的革命硬骨頭精神》。就是這篇社論，把決策中樞

「打魯迅牌」更深層的用意進一步暴露，原來，他們不僅要請出魯迅來打周揚和文藝黑線，還要借魯迅之名推動這個荒謬絕倫的文化大革命進一步向縱深發展。只要看看其中的妙句便可以了：

> 魯迅是舊世界的批判者、造反者。（中略）在無產階級文化大革命中，我們就是要學習魯迅的造反精神，大破資產階級和一切剝削階級的四舊，大立無產階級的四新，大立毛澤東思想，讓毛澤東思想占領一切陣地。

給魯迅加以「造反者」的桂冠，無非是要讓當時狂熱的群眾的「造反」行動更為師出有名而已。文化大革命時期造反群眾「大破資產階級和一切剝削階級的四舊，大立無產階級的四新」的狂熱的破壞行動，居然要從魯迅那裏得到學習榜樣，這是對魯迅的莫大侮辱。

> 我們在無產階級文化大革命中，就要發揚魯迅這種「打落水狗」的精神，對待敵人決不心軟，決不留情。我們要堅決把一小撮黨內走資本主義道路的當權派，把那些反革命修正主義分子，把一切牛鬼蛇神，統統鬥倒、鬥垮、鬥臭，讓他們永世不得翻身。

魯迅的「打落水狗」的精神是對付敵人的，而所謂「一小撮黨內走資本主義道路的當權派」，所謂「那些反革命修正主義分子」，所謂「一切牛鬼蛇神」，絕大部分都是革命幹部、革命人民。

> 魯迅在長期的鬥爭生活中，在毛澤東思想的引導和鼓舞下，（中略）終於成了偉大的共產主義戰士。我們學習

魯迅，就要像他那樣，在鬥爭中活學活用毛主席著作，用毛澤東思想改造自己的靈魂。

　　所謂「魯迅在長期的鬥爭生活中，在毛澤東思想的引導和鼓舞下，（中略）終於成了偉大的共產主義戰士。」這是完全不符合事實的捏造。

　　「毛澤東思想」的成型是在抗日戰爭爆發之後，魯迅在世的時候，毛澤東思想遠未成型。把魯迅終於成了偉大的共產主義戰士歸結為毛澤東思想的引導，是瞪眼說胡。即使把它理解為毛澤東的某些創造性的觀點，也說不過去。魯迅是在1936年4月馮雪峰從陝北到上海之後，經由馮雪峰的介紹，才知道毛澤東某些觀點的大概，才知道黨內存在「毛主席的無產階級革命路線」的。關於這，馮雪峰在《回憶魯迅》中有中肯的論述：「關於毛主席，他自然從來就敬佩的，但那是和他敬佩每一個堅決英勇的革命者一樣，主要的是因為毛主席和朱德總司令領導著紅軍長期堅持艱苦鬥爭的精神的緣故；其中如毛主席的領導與戰略思想是勝利的關鍵這一層，他以前就完全不清楚，並且也不會怎樣去關心這個問題的。但在他知道了紅軍所以能夠勝利地粉碎了國民黨的一連四次的『圍剿』、而在第五次『圍剿』中卻不得不退出根據地而實行長征的經過的歷史，以及在長征中的『遵義會議』及其以後的毛主席的領導的情形以後，他對於毛主席有了更進一步的認識，對於我黨也有了更進一步的認識。」（《回憶魯迅》，人民文學出版社1952年版，第175-176頁）根據這一情況，如果說魯迅「堅決擁護毛主席的無產階級革命路線」，那也是僅僅是這年4月到10月不到半年的時間。那麼魯迅在4月份以前反對周揚匆忙解散「左聯」，拒絕認同「國防文學」口號，這究竟是誰的「無產階級革命路線」呢？說魯迅是「在毛澤東思想的引導和鼓舞下」成為「偉大的共產主義戰

士」的，那也僅僅是這年4月到10月不到半年的時間。半年時間就能使魯迅一步登天成為不僅是共產主義戰士而且是「偉大的共產主義戰士」，無怪林彪要說毛主席的話一句頂一萬句了。

「我們學習魯迅，就要像他那樣，在鬥爭中活學活用毛主席著作，用毛澤東思想改造自己的靈魂。」這是以肯定魯迅讀過毛澤東的著作為前提的。然而事實是，魯迅壓根不可能讀過毛澤東的著作。馮雪峰說過：「魯迅在這段期間似乎不可能讀過毛主席的書，因為主席的著作還沒有印成書籍。（《馮雪峰同志關於魯迅、「左聯」等問題的談話》，《魯迅研究資料》第2輯，文物出版社1977年版，第175頁）至於要像他那樣「活學活用」，是給人出大難題了。「活學活用」，這是林彪當上了中央軍委副主席、主持軍委日常工作之後搞出來的無數名堂之一，目的在於取悅毛澤東。時間在1959年。魯迅在他生前就預知二十多年後林彪會提出的「活學活用」，而且預先積極響應，以之學習「還沒有印成書籍」的毛澤東著作，「用毛澤東思想改造自己的靈魂」，此情此景只能出現在好萊塢魔幻影片中。「社論」的作者未免過分低能了。

略加掃描，決策中樞「打魯迅牌」的底細全部暴露了。

三

1966年10月，毛澤東為了在天安門接受百萬紅衛兵的歡呼「萬歲」，硬把紀念魯迅大會推到10月最末一天召開。這已經是對魯迅的大不敬，而召開大會的荒唐方式，更是離譜到不成體統。那次紀念大會人數達七萬，會場是在首都體育場，參加大會的主要群眾是紅衛兵。紅衛兵，意思是「保衛毛主席的紅色衛兵」，1966年5月29日由清華大學附中十幾個學生自發組成。隨著文化大革命的開展，打著「造反有理」大旗的紅衛兵

組織迅速發展起來。8月18日，毛澤東佩戴「紅衛兵」袖章，在天安門第一次檢閱首都「紅衛兵」。由此，紅衛兵組織由北京發展到全國城鄉，成為文化大革命的一支重要力量。這是一群狂熱的極左分子，打砸搶的急先鋒，有不少人雙手還沾滿他們老師、校長甚至老舍等作家的鮮血。讓這樣一批凶神惡煞充當紀念魯迅的大會的主角，是對魯迅的惡毒嘲弄，莫大的侮辱和褻瀆。再看主席臺上，有中央文革小組頭目陳伯達、江青、張春橋、姚文元。有小爬蟲王力、關鋒、戚本禹、聶元梓。有樣板戲演員李麗芳、錢浩梁。就是沒有一個魯迅生前的親密友人。會場上，「毛澤東同志的偉大戰友魯迅精神不朽」等等口號喊得震天響。這哪裏是什麼紀念會，一場破天荒的荒謬鬧劇！這場荒誕鬧劇的總策劃、總導演，正是毛澤東。

這次大會由中共中央政治局常委、中央文化革命小組組長陳伯達主持。大會上，決策中樞御用一號筆杆姚文元正式登場。他以中央文革小組組員的高貴身分第一個發言。一開頭就不同一般：

> 今天，在無產階級文化大革命中，在毛澤東思想的光輝旗幟下，大破「四舊」、大立「四新」的廣大工農兵和英雄的紅衛兵戰士，正在同美帝國主義及其走狗前赴後繼地進行鬥爭的全世界革命人民，才是最有資格來紀念魯迅的。紅衛兵戰士們向剝削階級舊事物猛烈進攻的豐功偉績，就是對魯迅最好的紀念。

原來，他們打出「紀念魯迅」旗號，是為了把「大破『四舊』、大立『四新』」的紅衛兵運動推向更狂熱更無法無天的境地。

在談了怎樣學習魯迅的種種革命精神以投入當前的鬥爭之

後，姚文元作了這樣的總結：

> 魯迅逝世30年了。30年來，中國的面貌發生了翻天覆地的大變化。魯迅曾經滿腔熱情地呼籲過「我們應當造出大群的新的戰士」，這在他那個時代是不可能做到的，在今天，新戰士已經成為一支浩浩蕩蕩的文化革命大軍。今天，億萬人民都是舊世界、舊文化的批判者，在批判的廣度和深度上，都是魯迅那個時代所不能比擬的。我們親眼看見：在嚴峻的階級鬥爭中，湧現了一批批成千成萬英勇小將，他們掌握了毛澤東思想的真理，有了正確的方向和路線，代表了人民的大多數，就敢於向貌似強大的舊事物進行猛烈的戰鬥，而他們果然推翻了那些阻礙革命前進的種種龐然大物。沒有「學問」的人推翻了有「學問」的人，革命的「小人物」戰勝反革命的「大人物」，這就是歷史的真理。這就是在黨和毛澤東同志領導下千百萬革命人民所幹的事業。而那些反動階級的代表人物，由於他們同發展著的革命相抵觸，由於他們的方向不對，路線不對，反革命，反人民，反毛澤東思想，終於從自己的寶座上跌下來，暴露出紙老虎的本質，由「大」變小，直到變成一錢不值。世界上那些愚蠢的反動派是這樣。赫魯曉夫現代修正主義者是這樣。周揚一夥是這樣。一切黨內外的資產階級代表人物也是這樣或也將是這樣。永不停止前進的歷史，總是要把一小撮抗拒革命的人一批批地淘汰掉的。在這樣的階級鬥爭的歷史面前，魯迅那種永遠前進、革命到底的精神，更覺得珍貴。永遠跟著偉大導師、偉大領袖、偉大統帥、偉大舵手毛主席鬧革命，永遠同革命的人民在一起，努力學習新事物，熱情支持新事物，在社會主義

革命的階級鬥爭的烈火中，永遠前進，革命到底，永不中途退卻！永不掉隊！永遠忠於毛主席，永遠做毛主席的好學生和好戰士！

魯迅的無產階級革命精神永垂不朽！

無產階級文化大革命勝利萬歲！

偉大的中國共產黨萬歲！

戰無不勝的毛澤東思想萬歲！

我們的偉大領袖毛主席萬歲！（姚文元《紀念魯迅革命到底》，《紅旗》，1966年第14期）

這是硬把魯迅當作無產階級文化大革命的先鋒來歌頌的。惡用之心，明若觀火！

「魯迅曾經滿腔熱情地呼籲過『我們應當造出大群的新的戰士』，這在他那個時代是不可能做到的，在今天，新戰士已經成為一支浩浩蕩蕩的文化革命大軍」。——魯迅《在左翼作家聯盟成立大會上的講話》中說「我們應當造出大群的新的戰士」，指的是文藝戰士，而不是其他戰線上的戰士，更不是文化大革命中那種極左的狂熱分子。這是對魯迅原話的惡毒篡改！

所謂「沒有『學問』的人推翻了有『學問』的人，革命的『小人物』戰勝反革命的『大人物，這就是歷史的真理』：明明是毀滅「學問」、毀滅文化的歷史大倒退，居然會是「歷史的真理」，只能是騙騙鬼的鬼話！

「我們一定要像魯迅那樣不斷改造自己的思想，跟上不斷發展的形勢」：魯迅跟上的是真正「不斷發展的形勢」，不是文化大革命那樣實行歷史大倒退的形勢。

「魯迅的無產階級革命精神永垂不朽」，這個口號喊得太令人毛骨悚然了。

怪不得魯迅在遺囑中說：「趕快收斂，埋掉，拉倒。」

「不要做任何關於紀念的事情。」（《死》，《魯迅全集》第六卷第612頁）

四

最高領導也把許廣平推出來，讓她發言。

早在1966年5月，江青就把許廣平請到上海，讓她看了當時還沒有公開的《林彪同志委託江青同志召開的部隊文藝工作座談會紀要》和「五一六通知」，要她揭發周揚30年代攻擊魯迅的事實。她在魯迅遺體遷葬典禮的發言中，向周揚拋出忘卻過去向前看的橄欖枝，周揚並沒有放在眼裏，第二年借反右之機為30年代歷史翻案的行動中，把一枝枝的暗箭射向魯迅，這就是他對許廣平的回答。許廣平對於周揚此舉不能不感到憤怒。這倒給了許廣平以徹底解放的機會，她可以無所約束地暢所欲言了。

許廣平在她寫的材料裏歷史地回顧了周揚一夥圍攻魯迅的事實，並尖銳地揭露了周揚炮製的《答徐懋庸》的注釋對魯迅的惡攻：

> 魯迅全集第六卷中且介亭雜文「答徐懋庸……」的注釋，是明目張膽地篡改了歷史事實和真相，顛倒黑白大肆吹噓30年代「國防文學」的成果。記得全集注釋本出版前，馮雪峰把注釋送來我看，並把（說）已經郭老及中宣部領導看過，雖然我看到注釋中有於事實不符，說魯迅是宗派主義，感到不解，想到已經是定稿，中宣部是代表黨，我服從於黨的領導，不應表示異議。此事一直耿耿於懷，沒有提出具體意見。（轉引自周海嬰《魯迅與我七十年》，南海出版公司2001年版，第298-299頁）

到了1966年9月20日，許廣平又在《人民日報》發表《不許周揚攻擊和誣衊魯迅》。文章顯然是報社奉命組織的，決策中樞是指望把文章成為「打魯迅牌」的一張有力王牌的。許廣平沒有遵從決策中樞的要求寫，她利用這個機會替魯迅洗去周揚們潑在魯迅身上的污泥濁水。不用說，在那個政治環境中寫文章，是不能不用上一些上綱上線的套話的。只要我們善於拿出「去蕪存精」、「去偽存真」的眼光來讀，就能讀出其中的精華。

周揚等人在反右鬥爭中，利用他們在文藝界竊據的領導地位，掩蓋了自己的右派政治面目，打著反對右派分子馮雪峰的幌子，玩弄了一個顛倒歷史的大陰謀。

1957年6月至8月間，中國作家協會開了25次大會，批判丁玲、陳企霞、馮雪峰等右派分子。我當時曾被通知參加了這些會議。現在，我要把周揚一夥在會上的陰謀活動揭露出來，公之於眾。

在8月14日的第17次會議上，夏衍作了一個長篇發言。他以批判馮雪峰為名，首先提出了30年代的文藝鬥爭和兩個口號的論爭問題，打響了攻擊魯迅的第一槍。

現在瞭解到，這次攻擊魯迅的會議是周揚親自策劃的。8月11日下午4時，周揚、林默涵、邵荃麟等先找了馮雪峰談話。周揚在談話中提出了30年代文藝鬥爭的歷史問題，這是周揚為自己翻案的開始。

主帥的號令一下，夏衍、陳荒煤、周立波等一夥立即群起響應，在作家協會黨組擴大會上掀起了攻擊魯迅的一股黑風。他們攻擊的中心，是魯迅提出的「民族革命戰爭的大眾文學」這個無產階級的口號，和《答徐懋庸並關於抗日統一戰線問題》這篇革命的論文。因為正是魯迅的這個口號和這篇論文，高舉起戰鬥的左翼文藝

運動的革命旗幟，打中了周揚們的投降主義文藝路線的要害，使他們對魯迅恨之入骨。

有人說，夏衍8月14日的發言是一個「爆炸事件」。一點不錯。這是周揚一夥密謀策劃的一個反動的「爆炸事件」。他們想炸掉魯迅這面革命的、戰鬥的旗幟，為實現他們復辟資本主義陰謀開闢道路。夏衍在發言中裝出一副「受害者」的姿態，對魯迅進行「控訴」。說什麼1936年馮雪峰從瓦窯堡到上海後，「先找了魯迅先生」，「不聽一聽周揚同志和其他黨員同志的意見，就授意胡風提出了『民族革命戰爭的大眾文學』這個口號」，「恣肆地進行了分裂左翼文化運動的罪惡活動」。又是造謠，又是攻擊，好一副氣勢洶洶的樣子！

「民族革命戰爭的大眾文學」這個無產階級的革命口號，是魯迅根據黨中央和毛主席的抗日統一戰線政策提出來的。把這個口號說成是馮雪峰「授意胡風提出」的，這純粹是惡意的造謠，是為了打倒魯迅而採用的陰險的障眼法。我要問一問周揚們：你們有什麼權利不准魯迅提出這個口號，有什麼權利一定要魯迅「聽一聽」你們的意見？你們自己提出「國防文學」這個投降主義口號的時候，聽過魯迅的意見嗎？你們自己不革命，還要擺出一副「趙太爺」和「假洋鬼子」的架勢，不准別人革命嗎？

夏衍指桑罵槐地辱罵魯迅「恣肆地進行了分裂左翼文化運動的罪惡活動」！你們是什麼「左翼」？你們實行王明右傾機會主義路線的那一套，早已成為投降大地主大資產階級的右翼。「恣肆地進行了分裂左翼文化運動的罪惡活動」的，正是你們。真正高舉左翼文化運動大旗的偉大旗手，正是被你們攻擊的魯迅。

夏衍還造了一個謠言，說魯迅的《答徐懋庸並關於抗日統一戰線問題》一文，是馮雪峰用魯迅的名義寫的，接著攻擊這篇文章「不論描寫的細節和內容，都是不真實的」。

　　這真是欺人太甚了！我忍不住，當時在會上就說，你們「把一切不符合事實的情況，完全壓到魯迅頭上」！我還說明：「這篇文章我已送到魯迅博物館，同志們可以找來看看，在原稿上有魯迅的親筆，魯迅不同意怎麼發表了？發表以後魯迅有沒有登報聲明說『這篇文章是馮雪峰寫的，不是我寫的』？」可是，在後來印發的會議發言集中，周揚們為了欺騙黨、欺騙群眾，把他們造謠攻擊魯迅的發言都收進去，而我在8月14日作的闢謠的發言卻不給收進去！

　　今天我要在這裏再辟一次謠。

　　魯迅當時雖然是在大病之後，但對於同周揚們的這一場大是大非的爭論，對於《答徐懋庸並關於抗日統一戰線問題》一文的發表，是十分認真的。不但整篇文章的思想是屬於他的，文字又經他仔細修改，而且有整整四頁揭露投降主義者周揚等人嘴臉的文章，是他親自執筆，扶病寫成的。他平常寫一萬多字的文章（如《准風月談》後記等），都是深夜執筆一氣呵成的，這次卻因為大病之後，花了三四天的時間才搞完。隨後由我抄錄寄出，交《作家》月刊發表。和平常一樣，在文章正式付印之前，他又仔細看了一遍清樣，並且作了改正。後來魯迅還向別人興奮地談起這篇文章的寫作過程。魯迅說：「他（注：指徐懋庸）明知我病倒了，欺我不能動筆，寫信來教訓我一頓，想打我一個不能回手。所以我偏要答覆他，每天寫一二千或二三千字，共寫了四天。」

夏衍攻擊這篇文章「不論描寫的細節和內容，都是不真實的」。特別指明「四條漢子」一節，因為這一節打痛了周揚、田漢、夏衍、陽翰笙這四個30年代文藝黑線的「祖師爺」。而這一節，正是魯迅親眼所見，親筆所寫的！

夏衍在發言中，還直接誣衊魯迅對黨的抗日統一戰線政策有「思想抵觸」。這完全是顛倒黑白，倒打一耙，目的是掩蓋他們自己的投降主義。我記得很清楚，1936年夏季，魯迅聽到了毛主席關於建立抗日統一戰線的主張，立即傾心悅服，完全接受了毛主席的偉大指示。他感到，中國有了這樣一個偉大的領袖，就沒有不可克服的困難。正是在這種情況下，他提出了「民族革命戰爭的大眾文學」這個正確的口號，同周揚們的投降主義的「國防文學」口號相對立。魯迅所堅持的，是黨中央和毛主席制定的無產階級的抗日民族統一戰線的革命路線。真正違背黨的抗日民族統一戰線政策的，止是周揚、夏衍等人為代表的階級投降路線。

夏衍發言以後，一連幾次會議，周揚的一夥相繼發言，一致惡毒攻擊魯迅，同時極力吹捧周揚為首的30年代文藝黑線。在他們的發言中，周揚就是「黨」。誰反對周揚，誰就是反對黨！誰「和周揚同志領導的文藝路線相違背」，誰就是「反對黨的文藝路線」！黨中央和毛主席的指示，他們可以不聽，可以反對，王明和周揚的右傾機會主義的主張，他們卻奉若聖旨，敬若神明。

在一次會議上，他們說：據說，周揚同志、荃麟同志、默涵同志等是一條線。但是這是通過周揚同志等體現出來的黨的政治路線和組織路線，是一條紅線。

不打自招。他們確是一條線，但不是「紅線」，不

是「黨的政治路線和組織路線」，是一條反黨反毛澤東思想的黑線！

　　這個會一直開到9月16日，周揚在會議結束時，對這個顛倒歷史的大陰謀，作了總結。周揚說：「馮雪峰在1936年對上海地下黨組織的宗派打擊，造成了當時革命文藝事業的分裂，是嚴重破壞黨的原則和損害革命利益的行為。」

　　周揚這裏表面上是罵右派分子馮雪峰，實際上是罵魯迅。

這段文章有五點值得格外重視。

一、揭發了夏衍「爆炸性發言」的前三天周揚等人找馮雪峰談話的內幕。指出了這是「周揚為自己翻案的開始」。──這在1966年還是鮮為人知的。

二、指出周揚們在批馮大會上的攻擊中心是魯迅提出的「民族革命戰爭的大眾文學」這個口號和魯迅的文章《答徐懋庸並關於抗日統一戰線問題》。──這是尖銳地道出問題的實質的。

三、指出夏衍把「民族革命戰爭的大眾文學」口號說成是馮雪峰「授意胡風提出」的，是為了打倒魯迅而採用的陰險的障眼法，還指出夏衍「指桑罵槐地辱罵魯迅『恣肆地進行了分裂左翼文化運動的罪惡活動』」，都是極深刻的揭露。

四、指出周揚宣稱「馮雪峰在1936年對上海地下黨組織的宗派打擊，造成了當時革命文藝事業的分裂」，周揚「表面上是罵右派分子馮雪峰，實際上是罵魯迅」，也是極深刻的揭露。

五、說明了她在會上是怎樣批駁夏衍的。在批判右派分子

的大會上，居然轉過矛頭批駁起批判者來，這是極為罕見的，顯出了許廣平的性格特色。她還揭露出周揚們在編印發言集時「把他們造謠攻擊魯迅的言論都收了進去，而我在8月14日作的闢謠的發言卻不給收進去」的不正派做法。

1957年在周揚、夏衍等人的操作下，馮雪峰被扣上「勾結胡風，矇騙魯迅，打擊周揚、夏衍，分裂左翼文藝界」的大罪行。現在，經許廣平這麼一說，「勾結胡風」不存在了，「矇騙魯迅」不存在了，「打擊周揚、夏衍」不存在了，「分裂左翼文藝界」不存在了。事實上是替馮雪峰伸冤昭雪了。

為了避免說得過分露骨，緊接著來上這麼一段：

> 他們好像戲臺上化妝上演的紅臉殺白臉一樣，在臺上熱鬧打殺了一陣之後，退到後臺，都成了一家人，都是資產階級修正主義分子，都是反對毛主席的文藝路線的。
>
> 這一點在會後就更加看得清楚了。
>
> 會議一結束，周揚、林默涵、邵荃麟就夥同剛剛受過他們「批判」的右派分子馮雪峰，一起陰謀製作《答徐懋庸並關於抗日統一戰線問題》的注釋。這條顛倒歷史的注釋是由周揚一夥委託右派分子馮雪峰起草的，而且公然把馮雪峰的名字打印在1957年10月19日以「人民文學出版社」名義發出的信上：

> 送上魯迅著作《且介亭雜文》，《且介亭雜文二集》、《且介亭雜文末編》等三本注釋稿，請您予以審閱。在《且介亭雜文末編》中，《答徐懋庸並關於抗日統一戰線問題》的注釋稿，則是由馮雪峰同志在此次批判丁、陳反黨集團之後所寫的。在您審閱之後請把意見提出，以便遵照修改。

真相大白！周揚和馮雪峰，本來就是一丘之貉，周揚罵馮雪峰，目的是打魯迅。所以罵聲未絕，馬上就攜起手來從事反對魯迅的共同事業了。

以「人民文學出版社」名義發出的《答徐懋庸並關於抗日統一戰線問題》的注釋稿，是馮雪峰在周揚的硬逼軟騙的情況下寫的初稿。雖然人民文學出版社把初稿送給有關人士提意見，但是周揚沒有等到外面的意見反饋回來，就迫不及待地夥同林默涵對初稿進行修改。尤其是第三段，被周揚徹底否掉由林默涵重寫。1966年《紅旗》第9期發表的《周揚顛倒歷史的一支暗箭——評〈魯迅全集〉第六卷的一條注釋》，就對周揚的陰謀作了揭發，還附了修改稿的影印件。許廣平是不會不看到這篇文章的。她故意說「周揚和馮雪峰，本來就是一丘之貉」，故意說注釋是周揚「委託」右派分子馮雪峰寫的，這是要為自己前一段發言塗上一層保護色，必須這樣說。很高超的戰術。

1966年10月31日紀念魯迅逝世30周年的大會上，許廣平的發言。對於周揚一夥迫害魯迅的罪行進一步作了別人做不出的石破天驚的揭發：

那些處心積慮反對毛澤東思想的反革命修正主義者周揚之流，對魯迅恨之入骨。他們想出各種惡毒的手段來迫害魯迅。周揚曾化名芷因，親自在小報上寫文章攻擊魯迅。（葉按：芷因另有其人，顯屬誤聽傳聞。）正當魯迅大病，醫生擬議易地休養的時候，徐懋庸「雄赳赳首先打上門來」，致使魯迅不但病未減退，反而病勢加重，不能旅行外地，終於不起。魯迅的死，是同周揚們對他的迫害直接相關的。（《毛澤東思想的陽光照耀著魯迅》，《紅旗》1966年14期）

這是許廣平在心裏壓了三十年的憤火最大的爆發。

　　魯迅逝世後，曾有人問過許廣平，魯迅之死與周揚等人的圍攻是否有關，許廣平答以「不好說」。態度是隱忍的。現在，她不能再忍耐了。她必須利用這個機會以最知情者的身分出來把事實真相說明白。

　　「魯迅的死，是同周揚們對他的迫害直接相關的。」這是切中要害的揭發，壓服人心的血淚控訴。

　　魯迅的健康狀況到1936年愈見不佳，經常發燒。5月31日，經美國肺病專家診斷為晚期肺結核，認為如果是歐洲人，五年前已經去世。唯一的治療法，就是徹底靜養。然而，就是在病情如此嚴重的情況下，周揚、徐懋庸一夥卻不絕地給以精神上的打擊。他們確實「想出各種惡毒的手段來迫害魯迅」。最惡毒的是周揚，給魯迅精神、肉體最大傷害的兩大謠言，——魯迅是托派或有托派嫌疑，魯迅破壞統一戰線，——都是周揚首先製造出來彤諸筆墨的。這一點，馮雪峰在1966年寫的材料中，就提到了魯迅親口向他說的情況：

> 　　魯迅對周揚等人最憤慨的，是周揚等人因魯迅不贊成「國防文學」的口號並拒絕在「文藝家協會」發起人中簽名，就攻擊魯迅為「破壞統一戰線」，為「托派」等等。（《有關1936年周揚等人的行動以及魯迅提出「民族革命戰爭的大眾文學」口號的經過》，《新文學史料》第2輯）

　　「對周揚等人最憤慨的」，正是給了魯迅精神、肉體最大傷害的。1936年5月，文學青年時玳寫信向魯迅求教，他是否應參加周揚的「文藝家協會」。魯迅回答說：「倘有人用大招牌來請做發起人，而竟拒絕，是會得到很大的罪名的，即如我即其一例。」「我看你還是加入的好，一個未經世故的青年，真

可以被逼得發瘋的。」（360525致時玳，《魯迅全集》第13卷第384頁）一個人，如果不是多次親身經歷幾乎「被逼得發瘋」的至慘至烈的痛苦，是決不會說出如此悲憤的話來的。從這句話裏，就可以看出周揚給魯迅精神與肉體傷害之深之巨了。

另一個最惡毒的是徐懋庸。趁魯迅病重，雄赳赳首先打上門來，致使魯迅病勢加重終於不起的，就是這個徐懋庸。魯迅《答徐懋庸》的長信發表後，徐懋庸接連公開發表了三篇極其荒謬的東西攻擊魯迅。用語的惡毒，到了匪夷所思的地步。正是這些瘋狂的攻擊，使魯迅病勢加劇。魯迅之死，徐懋庸起了雪上加霜的極壞作用。

第一篇《還答魯迅先生》。不妨引錄兩段：

> 我所驚異的第三點，是魯迅先生這回「羅織入罪，戲弄威權」的「橫暴」之甚。我這回的罪名，本來至多不過是「教訓魯迅罪」，及「攻擊魯迅的朋友巴金，胡風，黃源罪」罷了。但是，魯迅先生卻把田漢、周起應等的行為，《社會日報》的文字，一起拉扯出來，攔在我的頭上，一則曰，什麼「覆車之鬼」「附徐懋庸的肉身而出現」，再則曰：「徐懋庸正是一個喊喊嚓嚓的作者，和小報是有關係了」。好像我和田、周是一系，《社會日報》的文字全是我作的。我和田、周的關係，這裏不說。至於小報，的確有兩個我跟它們發生過關係，一是《世界神報》，我曾自願地做過一個月的社評，一是《時代日報》，由於估計上的錯誤，我曾做過兩個禮拜的《漫話》（都不是喊喊嚓嚓的文壇消息），後來一定不願意做了，就被該報天天攻擊。這都是去年的事了。至於《社會日報》，除了應曹聚仁先生之命，作過一兩篇所謂「星期論文」之外，我可與之絕

無關係。魯迅先生借此來打擊我，真是所謂「含血噴人」！（中略）魯迅先生說我是什麼「奴隸主管」，「倚勢」，「驕橫」，「橫暴恣肆」，「以鳴鞭為唯一業績」，「抓到一面旗子，就自以為出人頭地」……我的那封私信的寥寥千餘言，難道竟包含著這許多罪狀麼？還有呢，魯迅先生又懷疑我是「敵人所派遣」——嗚呼，在這樣的罪狀下面，倒是我該先被魯迅先生這面「充軍」「殺頭」了！

　　魯迅先生決定了一個口號，叫胡風先生作文提出來。但我並不知道胡風就是「魯府」的「奴隸總管」，況且連魯迅先生也承認胡風所作的文章「解釋的不清楚也是事實」，那麼，事後我向胡風提出質疑，總也算不得是什麼十惡不赦的大罪罷。關於這問題，我只作過兩篇文章，都發表在《光明》上，都寫得心平氣和，絕未「輕易誣陷別人為『內奸』」，為「反革命」，為「托派」，以至為「漢奸」，然而魯迅先生偏要誣枉我有此事實，因而「輕易」判定我是「宗派的」「格殺革命的民族的力量」，以至有「敵人所派遣」的嫌疑。所謂「信口胡說，含血噴人，橫暴恣肆，達於極點」者，豈不是先生自己的這種行為麼？（《還答魯迅先生》，《今代文藝》第1卷第3期）

一派狡辯，一派王婆罵街。

「我只作過兩篇文章，都發表在《光明》上，都寫得心平氣和」。——為什麼不提雄赳赳首先打上門來給魯迅的那封寫得絕不心平氣和的信？

「絕未『輕易誣陷別人為「內奸」』，為『反革命』，為『托派』，以至為『漢奸』」——「我從報章雜誌上，知道法

西兩國『安那其』之反動，破壞聯合戰線，無異於托派，中國的『安那其』的行為，則更卑劣。」這是徐懋庸給魯迅的信裏對巴金的攻擊。這不是「輕易誣陷別人為『內奸』，為『反革命』，為『托派』，以至為『漢奸』」的明證嗎？「絕未」云云，騙人的鬼話而已。

「魯迅先生卻把田漢、周起應等的行為，《社會日報》的文字，一起拉扯出來，攔在我的頭上」。——魯迅並沒有「卻把田漢、周起應等的行為」一起攔在徐懋庸的頭上」。魯迅的《答徐懋庸》就是明證。

「至於《社會日報》，除了應曹聚仁先生之命，作過一兩篇所謂『星期論文』之外，我可與之絕無關係。」——既然承認已經為《社會日報》寫過一兩篇「星期論文」，怎麼能說「與之絕無關係」呢？豈不是自己打自己耳光嗎！1935年12月1日《社會日報》上就發表過一篇題為《魯迅將轉變？谷非張光人近況如何？》的文章，造謠說：「魯迅翁有被轉變的消息」。「關於魯迅翁的往哪裏去，只要先看一看谷非張光人胡豐先生的行動就行了。」僅憑這一篇東西，就可以知道《社會日報》是什麼樣的報紙了，而徐懋庸居然還為它寫過一兩篇「星期論文」。魯迅說「徐懋庸正是一個喊喊嚓嚓的作者，和小報是有關係了」，不是有根有據的論斷嗎？

狡辯是無用的。至於滿紙的王婆罵街的罵語，只是顯出自己流氓無產階級的本性而已。

第二篇《一封真的想請發表的私信》。寫於8月26日，繼續歇斯底里大發泄。且引錄一段：

構成這些罪名的事實呢？乃是和我無關的田漢、周起應及別的什麼「洋服」「大漢」之類的行為，以及也是和我無關的《社會日報》的文字。這初看不過是「含血噴

人」的手段，是平常的，殊不知這其中有著非常惡毒的一手，那就是暴露左聯的祕密，咬實我和左聯的關係，揆其目的，豈不是同時要使另外一種人來迫害我麼？（《一封真的想請發表的私信》，《社會日報》1936年9月1日）

他在前一篇文章中信誓旦旦地說，「《社會日報》，除了應曹聚仁先生之命，作過一兩篇所謂『星期論文』之外，我可與之絕無關係」，可是這篇文章就是他親自送到《社會日報》發表的。「『含血噴人』的手段」這頂帽子正好落在自己頭上。

所謂「要使另外一種人來迫害我」，意思是魯迅在《答徐懋庸》的信中「暴露左聯的祕密」，是要國民黨反動派來迫害他。這是說，魯迅的行為，已淪為向反動派告密的叛徒行為。

這才真正是「非常惡毒的一手」！

第三篇《關於小報的種種》。

他在8月26日在《社會日報》瘋狂地發泄了一通之後還感不足，又於9月20日在《社會日報》頭版頭條位置發表文章，進一步惡毒攻擊魯迅：

魯迅先生也曾在《社會日報》上，用羅憮的筆名，把他寫給別人的私信當作品發表，別的許多高尚的作家也曾寫過《星期論文》，他們都不怕發生「關係」，我怕什麼來！責任分明，「羅憮」先生們不是並無「喊喊嗻嗻」之嫌麼？（《關於小報的種種》）

這裏所說的魯迅「用羅憮的筆名，把他寫給別人的私信當作品發表」，實際情況是這樣的。1933年6月18日魯迅給曹聚仁寫了一封信，談了不少問題：對胡適反動言行的看法；重編歷史的意見；對於時下文學青年的意見；對於章太炎的看法；

對於國民黨反動派淫刑的憤慨；等等。曹聚仁卻在三年之後的1936年，未經魯迅同意就把信發表在3月8日的《社會日報》上，擅自給加了一個題目《舊信新抄之一》，並將信末的「魯迅」署名改為「羅憮」。這是對魯迅的莫大侮辱。徐懋庸卻故意歪曲事實，說魯迅「把他寫給別人的私信當作品發表」，妄圖以此證明他自己給《社會日報》寫文章是無可厚非的。然而，僅就徐懋庸的這篇文章和前一篇《一封真的想請發表的私信》來說，它們本身就是「喊喊嚓嚓」的標本。《社會日報》在1935年12月1日發表了那篇散布「魯迅將轉變」的毒文之後，徐懋庸居然還主動地在那上面連續發表兩篇毒文攻擊魯迅，事實表明，徐懋庸為了達到攻擊魯迅的目的，實際上已經同反動文人聯歡了。

這三篇東西，是繼第一次「雄赳赳首先打上門來」又一次打上門來。態度的狂妄，用語的惡毒，到了匪夷所思的地步。正是這些瘋狂的攻擊，使魯迅病勢加劇。魯迅之死，徐懋庸起了雪上加霜的極壞作用。

還有一個重要殺手，就是郭沫若。他在日本東京看了魯迅的《答徐懋庸》，也顧不得天氣熱，打著赤膊窮一日之力拼出一篇《蒐苗的檢閱》，對魯迅的《答徐懋庸》進行反攻。他用了極不嚴肅極惡劣的態度刺激魯迅。

> 這個新口號真真是巧妙，也還沒有什麼，然而這「民族革命戰爭的大眾文學」十一字長的口號，根本就不「大眾化」，拿我們自己來說，我為要記憶這十一個字，我實在費了相當的努力（這或者也怕是我自己太低能的原故）。聽說這個口號的提供，其重要的理由是在補救「國防文學」的國防兩個字的寬泛與不正確的意見的竄入之容易，然而在這些缺點上，這個新口號卻是後來居

上。這個新口號是採用的例舉主義，因為這兒有「民族」，有「革命」，有「戰爭」，有「大眾」，有這重重的限制，似乎「文學」便可以無可動移了。然而「民族」的解釋有問題，「民族革命」的解釋有問題，「大眾」的解釋有問題，「大眾文學」的解釋有問題，「戰爭的大眾文學」尤其有問題，把寬泛而易被曲解的缺點，至少是增加了五倍。所以我始終覺得這個口號是不大妥當，而且沒有必要。（《蒐苗的檢閱》，《文學界》第1卷第4期。下同）

　　「民族革命戰爭的大眾文學」作為一個口號，是一個完整的概念，郭沫若硬是把它來個五馬分屍，支解成互不關聯的五截，於是，「『民族』的解釋有問題」，「『民族革命』的解釋有問題」，「『大眾』的解釋有問題」，「『大眾文學』的解釋有問題」，「『戰爭的大眾文學』尤其有問題」。郭沫若何不乾脆來個「『民』有問題」，「『族』有問題」，「『革』有問題」，「『命』有問題」，「『戰』有問題」，「『爭』有問題」……十一個字都有問題，豈不更痛快更徹底！這是用舞臺小丑插科打諢那一套來代替嚴肅的理論論爭了。

　　郭沫若擺出的又一「理由」是：

　　我覺得魯迅的「民族革命戰爭的大眾文學是無產階級革命文學的一發展」，這個解釋是有點不正確的。歷史昭示我們，無產階級的革命，是最後階段的革命，只有各種性質的革命向那兒發展，沒有由那兒再向民族革命發展的道理，我們相信歷史的人所應有的一切行動也就在促進各種性質的革命，進展到最後的革命，政治上乃至文學上，隨時有新的口號提出者，其目的即在善於活用

眼前的現實以增強主體的外圍而減少進展的阻礙。改變
了的是透過雲彩後的光線，不是太陽！假如「民族革命
戰爭的大眾文學」是無產階級革命文學的「發展」，那
嗎「民族革命」也就是無產階級革命的一發展，太陽豈
不是「發展」到星雲狀態去了嗎？因此我要再請魯迅先
生和茅盾先生恕我不客氣，我覺得魯迅先生的理論是不
大妥當，因而茅盾先生由那兒發著為安置兩個口號的苦
心，也似乎是空費了的。容我直慪地說時，我實在不
贊成「民族革命戰爭的大眾文學」這口號，理論已如上
述，是不僅因為它的提出之為「標新立異」而已，既不
妥當便只好撤消，這是再爽直也沒有的，……

　　魯迅在30年代倡導的無產階級革命文學運動，是立足於半
封建半殖民地的中國社會，為推進中國反帝反封建的新民主
主義革命服務的。它與進行社會主義革命亦即「最後階段的革
命」的資本主義國家的無產階級革命文學運動，具有不同的性
質。中國革命是無產階級領導的反帝反封建的新民主主義革
命，民族革命戰爭是新民主主義革命的題中應有之義，談不到
什麼歷史的倒退。中共中央1936年4月發表宣言，向包括蔣介石
國民黨在內的全國各黨派號召建立抗日人民陣線。8月初，中
共中央召開政治局會議，進一步確認了把蔣介石國民黨政府作
為抗日民族統一陣線的必要的與主要的對手。難道，這都是歷
史的倒退嗎？十分明顯，在當時的歷史條件下，在文藝界抗日
統一戰線中向革命作家提出「民族革命戰爭的大眾文學」的口
號，是根本扯不到歷史倒退的問題的。郭沫若服膺的「國防文
學」口號，從無產階級革命發展到「國防」，連「革命」都發
展掉了，不是更大的歷史倒退嗎？
　　郭沫若寫《蒐苗的檢閱》的時候，中國共產黨的聯合抗日

的口號已經提出。郭沫若當時對黨的聯合戰線政策，是完全瞭解，由衷擁護的。郭沫若應該是十分懂得中國的所謂無產階級革命轉化為抗日的民族革命戰爭，是歷史的一個發展，而不是歷史的倒退的。那麼，為什麼對於魯迅提的口號竟會發出那樣荒謬的指責呢？不是存心耍弄魯迅又是什麼？

郭沫若還叫嚷著「既不妥當便只好撤銷」，儼然以軍事法庭的審判長自命，未免驕狂太甚，欺人太甚了。人們可以不同意魯迅提出的「民族革命戰爭的大眾文學」口號，人們可以反對魯迅提出的「民族革命戰爭的大眾文學」口號，人們卻沒有權力剝奪魯迅提出「民族革命戰爭的大眾文學」口號的權利。「只好撤銷」的叫嚷，不僅是狂妄，而且是「唯我獨革」的霸權思想再一次無情暴露，不能不是「中了才子＋流氓的毒」的又一表現。

郭沫若欺人之處不僅於此，他還進一步就魯迅的一段文字做出極為稀奇古怪的文章。

魯迅的有關文章是——

> 如果它（葉按：指「民族革命戰爭的大眾文學」）是為了推動一向囿於普洛革命文學的左翼作家們跑到抗日的民族革命戰爭的前線上去，它是為了補救「國防文學」這名詞本身的在文學思想的意義上的不明確性，以及糾正一些注進「國防文學」這名詞裏去的不正確的意見，為了這些理由而被提出，那麼它是正當的，正確的。（《答徐懋庸並關於抗日統一戰線問題》，《且介亭雜文末編》，《魯迅全集》，第6卷第532頁）

郭沫若的妙文：

這些文句是由魯迅先生自己加過圈的，自然是重要的地方，故爾我也就抄了出來，這些文句上看來，我對於魯迅先生是應當徹底欽佩的，因為他的態度很鮮明，見解也很正確，他對於「國防文學」並沒有反對，而對於所謂「民族革命戰爭的大眾文學」，倒還是在有條件的擬議中：因為他說要「如果它是」如何如何，然後才是「正當的」，「正確的」。這「如果」的假設它不是，那便是不正當、不正確的東西。以那樣見解正確、態度鮮明的魯迅先生，我相信他決不會一意孤行到底，以不正確不正當的口號來強迫青年們去奉行的。事實上那「如果」的假設下所列舉的項目，卻為「民族革命戰爭的大眾文學」這個口號所未能具備，而且還相反。

　　照我的意見再來說一遍，這個口號最好是撤回。而且在撤回這個口號上的障礙，由魯迅先生的萬言書之出是已經消滅了的。

　　魯迅堅持「民族革命戰爭的大眾文學」的態度之堅決徹底，只要讀過答徐懋庸的萬言書的人都會知道的。奇怪的是，郭沫若居然能從萬言書裏看出魯迅對於「民族革命戰爭的大眾文學」的口號是並不堅持的含義來。

　　「我對於魯迅先生是應當徹底欽佩的」，這個嬉皮笑臉、油腔滑調、流氣十足的怪話，就顯示出居心不良，存心拿魯迅開心。

　　魯迅的原意十分清楚，他是說：「民族革命戰爭的大眾文學」的口號，就是為了推動一向囿於普洛文學的左翼作家們跑到抗日的民族革命的前線上去，就是為了補救「國防文學」這名詞本身的在文學思想的意義上的不明確性，以及糾正一些注進「國防文學」這名詞裏去的不正確的意見，而被提出的，因

此它是正當的，正確的。魯迅特意加上「如果」，以不肯定的語態來加強肯定判斷的斬釘截鐵的力量，這就比原來的直說更有表現力。這是十分普通的修辭方法，從魯迅的文章中不難找到類似的例子。如，魯迅寫於1926年「三一八」慘案當天的一則雜感：

> 如果中國還不至於滅亡，則已往的史實示教過我們，將來的事便要大出於屠殺者的意料之外——
> 這不是一件事的結束，是一件事的開頭。
> 墨寫的謊說，決掩不住血寫的事實。
> 血債必須用同物償還。拖欠得愈久，就要付出更大的利息！
> （《無花的薔薇之二》，《華蓋集續編》，《魯迅全集》第3卷第263頁）

按照郭沫若的讀法，這段話就應該如是理解：魯迅對於中國是否不至於滅亡，還在有條件的擬議中：因為他說「如果中國還不至於滅亡」，然後才是「將來的事便要大出於屠殺者的意料之外」。這「如果」的假設中國竟至於滅亡，那將來的事便不會大出於屠殺者之外了。——敢問：這樣的理解符合魯迅的原意嗎？廣大理解力正常的讀者能批准這樣的理解嗎？

其實，就在郭沫若引出的魯迅那段文字的後面，魯迅緊接著說：

> 如果人不用腳底皮去思想，而是用過一點腦子，那就不能隨便說句「標新立異」就完事。「民族革命戰爭的大眾文學」，主要是對前進的一向稱左翼的作家們提倡的，希望這些作家們努力前進，在這樣的意義上，在進

行聯合戰線的現在，徐懋庸說不能提出這樣的口號，是胡說！「民族革命戰爭的大眾文學」，也可以對一般或各派作家提倡的，希望的，希望他們也來努力前進，在這樣的意義上，說不能對一般或各派作家提這樣的口號，也是胡說！（《答徐懋庸並關於抗日統一戰線問題》，《魯迅全集》，第6卷第532-533頁）

魯迅堅持「民族革命戰爭的大眾文學」的態度何等斬截！何等堅決！哪有半點「對於所謂『民族革命戰爭的大眾文學』，倒還是在有條件的擬議中」的影子！

郭沫若故意把魯迅的這幾句話向不明真相的讀者隱去，然後對引出的前面那段連一般中學生也不致誤解的文章作出那樣稀奇的穿鑿。他的這種做法，只能有一個解釋：故意斷章取義，把嚴肅的理論交鋒兒戲化，以胡攪蠻纏無理取鬧的方式來嘲弄魯迅，侮辱魯迅。——魯迅不需要你郭沫若這種虛偽透頂的「徹底欽佩」！

五

在那次大會上，郭沫若也被安排發言。其中妙語多多。

在1936年6月9日（離魯迅逝世前四個多月），魯迅在《答托洛斯基派的信》中，一再地稱頌毛主席而痛斥當時的托洛斯基分子。魯迅光明磊落地這樣說：

「我，即使怎樣不行，自覺和你們（托派）總是相離很遠的罷。那切切實實，足踏在地上，為著現在中國人的生存而流血奮鬥者，我得引為同志，是自以為光榮的。」

> 魯迅願意把毛主席和毛主席的親密戰友「引為同志」
> 而能「自以為光榮」，在我看來。這可以認為魯迅臨死
> 前不久的申請入黨書。毛主席後來肯定魯迅為「共產主
> 義者」，這也可以認為魯迅的申請書已經得到了黨的批
> 准。（《紀念魯迅的造反精神》，《紅旗》1966年第14期）

　　如此牽強附會的話，在親友好朋酒後茶餘閒談之際作為
笑話說說未嘗不可，現在居然拿到七萬人的大會上說，令與
會首腦們啼笑皆非了。由於毛澤東給予魯迅那麼崇高的評價，
早在解放初就有不少人向馮雪峰提出過魯迅為什麼不是黨員的
疑問。馮雪峰的答覆是，魯迅入黨，就會立刻被國民黨逮捕殺
害。這個回答是無法說服人的。當時在白區入黨是絕對祕密
的，怎麼會一入黨便被逮捕呢？即使有叛徒告密，不少黨員遭
受犧牲，可在白區工作的地下黨員並沒有全部被敵人逮捕。為
什麼魯迅一入黨就會遭遇不測呢？馮雪峰對於魯迅不是黨員的
原因是十分清楚的，只是不便明說就是了。魯迅不是黨員的事
實毛澤東已經在1937年魯迅逝世周年紀念大會的發言中做出歷
史定論：「黨外的布爾什維克」。現在郭沫若在七萬人的大會
上宣稱毛澤東早已批准魯迅為黨員，這事實上是將毛澤東一
軍：看你當年對魯迅入黨申請的批准算不算數。這樣的迹近玩
笑的發言，實在有些過頭。好在毛澤東瞭解郭沫若好作驚人之
語的性格，不予答覆，敷衍過去。換了別人，冒犯最高領袖，
那可是惹大禍了。
　　還有這樣的妙語：

> 魯迅的學習精神和革命精神是相為表裏的。他真可以說
> 是「學而不厭，戰而不倦」。學習是為了革命，革命是
> 為了人民。毛主席經常教導我們：革命者必須相信人

民，依靠人民，全心全意為人民服務；先做學生，後做
先生。魯迅正切實地做到了這一指示。

這是說，魯迅是遵照毛澤東的教導才做到全心全意為人
民服務的。這是天外奇譚。毛澤東的教導「革命者必須相信
人民，依靠人民，全心全意為人民服務；先做學生，後做先
生」，這話連郭沫若恐怕也是抗日戰爭時期得知的；魯迅居然
在他生前就能夠得知，太不可想像了。

六

在七萬人的大會上，決策中樞還組織了兩個紅衛兵代表
上臺發言。作為大專院校的紅衛兵代表高呼：「我們要學習魯
迅敢於鬥爭、敢於革命的精神，堅持運用大鳴大放、大字報、
大辯論的形式，展開大揭露、大批判，堅決地向那些公開的、
隱蔽的資產階級代表人物繼續進行義正詞嚴的口誅筆伐。我們
要破字當頭，敢字領先。敢想、敢說、敢做、敢為、敢革命、
敢造反，狠打『落水狗』，奮勇追窮寇，不獲全勝，決不收
兵。」（《學習魯迅，永遠忠於毛主席》，《紅旗》1966年第14期）
紅衛兵運動這時已經開展了四個月。這個運動以血腥揪鬥
「走資派」和「牛鬼蛇神」、徹底破壞歷代典籍文物、瘋狂踐
踏法制和人權為特徵。僅北京市一地，在「破四舊」高潮的8月
下旬到9月底，就有1700多人被打死，33600多戶被抄家，84000
多名所謂「五類分子」被趕出北京。（見王年一《「文化大革命」
第一階段評述》，《黨史研究資料》1984年）所謂「紅衛兵戰士們向
剝削階級舊事物猛烈進攻的豐功偉績」，已經搞得民不堪命，
人人自危，現在還要再添一把火，還「要破字當頭，敢字領
先。敢想、敢說、敢做、敢為、敢革命、敢造反，狠打『落水

狗』，奮勇追窮寇，不獲全勝，決不收兵」，則面對更大的災難和恐怖，人民更沒有活路了。這樣瘋狂悖謬的行動，居然假借魯迅的名義來進行，這是對魯迅莫大的褻瀆，莫大的侮辱。「打魯迅牌」的決策中樞過於心狠手辣了。

作為中學生代表的紅衛兵則把蘇聯作家西蒙諾夫臭罵了一通。

> 就是這位高薪階層代表人物，蘇聯的資產階級新貴族，在今年十月十八日的蘇聯《文學報》上寫了一篇文章，藉口紀念魯迅，誣衊偉大的共產主義戰士魯迅，攻擊我國的無產階級文化大革命。我們絕不允許這個大叛徒玷污魯迅的名字。

> 這個西蒙諾夫老爺在文章中猖狂地叫喊：「現在在中國發生的和名為『文化革命』的一切，是一種與人民格格不入的暫時的現象」。

> 這像驢一樣愚蠢的老爺，夢想我們的革命只不過是「暫時的現象」。你們死了這條心吧！我們革命的紅衛兵，就是要將無產階級文化大革命進行到底。我們就是要造一切不符合毛澤東思想的反，我們就是要徹底挖掉帝國主義、修正主義的毒根，把它連根拔掉。我們就是要幹到底，直到世界上一切妖魔鬼怪統統消滅，不獲全勝絕不收兵！

> 西蒙諾夫還叫喊什麼魯迅的名字「更響亮，更純潔了」。魯迅的名字之所以響亮，之所以純潔，是因為他是無產階級革命戰線的先鋒戰士，是最堅決的革命造反者，他的骨頭最硬、愛憎最分明、立場最堅定。像你這種卑鄙的叛徒，沒有資格提到魯迅的名字！我們紅衛兵

警告西蒙諾夫：你想借此來破壞中國人民的名譽，抬高自己，只不過是煞費苦心，是驢子的叫聲，只能遭到革命人民的唾棄。你們這種叛徒在魯迅面前是無地自容的。

　　我們毛主席的紅小兵、紅色的造反者，堅決高舉毛澤東思想偉大紅旗，用毛澤東思想這個最銳利的武器，以魯迅為榜樣，將無產階級文化大革命進行到底！我們要讓天是毛澤東的天，地是毛澤東的地，人是毛澤東思想武裝起來的人！要把毛澤東思想偉大紅旗插遍全世界！我們要革命到底！造反到底！為全世界的無產階級革命事業貢獻出我們的青春和熱血！（《斥西蒙諾夫》，《紅旗》1866年第14期）

　　通篇是不堪入耳的辱罵和恐嚇。西蒙諾夫是蘇聯傑出的作家，中國人民親密的友人。1949年新中國剛成立，他就作為蘇聯文化藝術科學工作者代表團副團長和其他成員來到中國，積極參加慶祝活動。魯迅逝世13周年紀念日那天，他在上海。那天清晨，他和代表團成員們到魯迅墓地獻花，並在墓前致辭，接著又去參加上海文藝界舉行的紀念大會。他的光輝，絕不是任何人罵幾句「高薪階層代表人物」、「資產階級新貴族」所能抹煞的。他說：「現在在中國發生的名為『文化革命』的一切，是一種與人民格格不入的和暫時的現象。」正是說出了事情的真相。

　　他在蘇共二十大後，寫出一系列作品，揭露了斯大林（臺灣譯「史達林」）時代的暴行。我國決策中樞罵他是「叛徒」，這表明，決策中樞是站在維護暴君的立場上的。這個紅衛兵罵西蒙諾夫是「叛徒」，只是鸚鵡學舌地跟著起鬨而已。

　　把魯迅說成是「無產階級文化戰線的先鋒戰士，是最堅決的革命造反者」，這種歪曲魯迅、用魯迅的名義為「文化大革命」製造合理性的根據，也是緊跟最高統帥的必然產物。

至於「要把毛澤東思想偉大紅旗插遍全世界」，也只是跟著決策中樞痴人說夢，令人笑掉大牙。

　　紅衛兵運動轟轟烈烈了一陣，兩年後，除了極少一部分得天獨厚的成員被安排到工廠之外，絕大多數的紅衛兵小將統統以「接受貧下中農的再教育」的名義被攆到農村。不可一世的紅衛兵運動也就變成百萬知青上山下鄉運動。天成了接受再教育的天，地成了接受再教育的地，人成了無罪流放的人。為世界革命「貢獻出我們的青春和熱血」的誓言也成了泡影。決策中樞利用紅衛兵小將打魯迅牌就此告終。可憐昔日雄赳赳氣昂昂的小將都成了將注定一輩了在荒山野嶺修補地球的勞力。曾彥修有一句話說得很幽默也很沉痛：「『文革』那十年差不多人人都變成了落水狗，最後，紅衛兵也變成了落水狗。」（潘磊：《曾彥修談魯迅在延安》，《新文學史料》，2006年第2期）

　　1966年奇特的紀念魯迅的活動，不僅成為空前之舉，也成為絕後之舉了。

七

　　在毛澤東的指揮下，到了1967年，「打魯迅牌」的行動又有新的發展。

　　1967年4月1日，全國各報刊發表了經過毛澤東審批的戚本禹文章《愛國主義還是賣國主義？——評反動影片〈清宮秘史〉》，展開了對「中國赫魯曉夫」（劉少奇）的大批判。人民日報社在9月份創刊的《文學戰線》發表的署名方澤生的《從「國防文學」到「全民文藝」》，是體現了新的精神的一篇代表作。

　　　正當周揚一夥的反革命歇斯底裏甚囂塵上之時，魯迅發
　　　表了他的光輝論文《答徐懋庸並關於抗日統一戰線問

題》。在這篇文章中,魯迅用戰無不勝的毛澤東思想的政治顯微鏡和望遠鏡,照出了披著「左翼」外衣的周揚一夥的「才子＋流氓」的真相,使這些「伏在大纛陰下的群魔」嘴臉畢現,宣告了「國防文學」的破產!這時,中國的赫魯曉夫,破門而出,披掛上陣,用「莫文華」的筆名,拋出了大毒草《我觀這次文藝論戰的意義》,以論戰「克服了許多」「關門主義」為藉口,掩蓋「國防文學」這一口號向蔣介石投降獻媚的反革命實質,惡意篡改魯迅文章的革命精神,胡說這兩個針鋒相對的口號「並不是對立的」。就這樣,周揚一夥,由於後有王明的支持,前有中國的赫魯曉夫打掩護,所以他們的反革命的文化「圍剿」儘管一敗塗地了,但卻隱藏了下來。而共產主義者的魯迅正是在前有國民黨反動派,後有周揚一夥的反革命文化「圍剿」中「成了文化革命的偉人」。

上綱上線到令人害怕的程度。對史實的歪曲也達到匪夷所思的地步。由於這篇文章的主要任務是把批周揚和批「中國的赫魯曉夫」掛鉤的,所以劉少奇當年寫的的明明是對周揚和「國防文學」口號進行批評的《我觀這次文藝論戰的意義》,也把它說成是「掩蓋『國防文學』這一口號向蔣介石投降獻媚的反革命實質,惡意篡改魯迅文章的革命精神」的大毒草。

有必要看看《我觀這次文藝論戰的意義》是怎麼說的:

在這次論戰的開始和論戰以前,在文壇的一角確曾存在著兩派,即周揚先生與胡風先生的對立。但因有兩個口號的論爭以後,形勢變了,一邊仍是以周揚先生為中心的原來的一些人,而胡風先生等卻忽然中途不見了,當

周揚先生等人大鳴勝鼓的當兒，卻有魯迅先生茅盾先生，以及後來的呂克玉先生出來給周揚先生等人以重大的批判。把他們的理論完全推翻了，同時也批判了和糾正了胡風轟紺弩諸人的態度。形勢就一變而成為新的兩種對照：周揚等是主張用「國防文學」口號為聯合戰線的口號，反對「民族革命戰爭的大眾文學」的口號，魯迅等卻主張抗×聯合戰線應用抗×的政治口號，而不應以「國防文學」的口號去限制它的擴大，但並不反對「國防文學」為自由提倡的口號，因此，「民族革命戰爭的大眾文學」口號也可用，因為和「國防文學」並不對立的。這裏顯然是理論上的兩派，而不是口號與口號的兩派。我們也就很清楚：魯迅先生和茅盾先生的意見是正確的，他們揭的辦法是正常的，適合於現在實際情形的；同時，論爭愈發展下來，周揚先生等的意見的錯誤和宗派主義與關門主義，也完全暴露了。（《作家》第2卷第1號）

劉少奇的文章「惡意篡改了魯迅文章的革命精神」了嗎？——不僅沒有篡改，而是正確地解釋了魯迅文章的革命精神。哪有一點點篡改的影子！

兩個口號不是對立的，並不是劉少奇的胡扯，是魯迅說的。他在《答徐懋庸》中明白指出：「我在病中答訪問者的一文裏是並沒有把它們看成兩家的」。（《魯迅全集》第6卷第532頁）這意思不是「兩個口號不是對立的」嗎？

劉少奇確實沒有說到「國防文學」這一口號是向蔣介石投降獻媚的大毒草，因為「國防文學」根本不是向蔣介石投降獻媚的大毒草。如果真是大毒草，人們不能不問：為什麼毛澤東在延安的時候還認為這個口號比「民族革命戰爭的大眾文學」更合

適？難道毛澤東過去一直糊塗，到文化大革命才清醒過來嗎？

對魯迅的吹捧也搞得笑話百出：「在這篇文章中，魯迅用戰無不勝的毛澤東思想的政治顯微鏡和望遠鏡，照出了披著『左翼』外衣的周揚一夥的『才子＋流氓』的真相」，——那時哪有什麼「毛澤東思想」！

「共產主義者的魯迅正是在前有國民黨反動派，後有周揚一夥的反革命文化『圍剿』中『成了文化革命的偉人』」。毛澤東在1942年的《新民主主義論》中明確指出，魯迅是在國民黨的反革命文化圍剿中，「成了文化革命的偉人」的。這位筆杆子卻改為「是在前有國民黨反動派，後有周揚一夥的反革命文化『圍剿』中『成了文化革命的偉人』」的。究竟是《新民主主義論》說得對，還是這位筆杆子說得對？難道這位筆杆子比毛澤東還高明？

八

1967年10月19日，《人民日報》發表了許廣平的《「我們的癱瘓，是他們的寶貝」——怒斥中國赫魯曉夫一夥包庇漢奸文人、攻擊魯迅的罪行》，是轉載人民日報社《文學戰線》第3期的。文章揭露了周揚等人一系列包庇重用周作人的內情。這裏擇要摘錄幾段。

尤其令人不能容忍的是：中國赫魯曉夫及其爪牙為了反革命的需要，（中略）利用周作人這個漢奸，打著回憶魯迅的旗號，來歪曲魯迅的革命精神。1956年，在魯迅逝世20周年的時候，由於舊中宣部的大開綠燈，周作人在許多報刊和出版物中大肆放毒。比如中國青年出版社出版一本名為「幫助讀者認識魯迅、學習魯迅」的

小冊子中，周作人就秉承反革命修正主義分子們的意旨，使出了許多卑鄙伎倆，藉以欺騙不明真相的青年，麻痺人民群眾的革命意志。從這裏我們可以看出他們的用心是多麼惡毒。眾所周知，魯迅是一個「空前的民族英雄」，而周作人則是一個每遇風吹草動，就在大門口懸掛太陽旗，改「周宅」為「羽太寓」的洋奴。由於魯迅對黑暗勢力毫不妥協，堅決鬥爭，所以遭到敵人的嫉恨，先為周作人所不容，被迫從八道灣搬走，後為帝國主義的走狗北洋軍閥所通緝，因而遠赴廈門，而廣州，而上海，轉戰於敵人的空隙之處，最後居住在南方。而周作人在這本書裏，故意篡改歷史，別有用心地附錄其他人的文章，替自己粉飾一番。文章說：「我們和伯父在北京同居的時候，我年紀很小，等到懂事了，伯父又搬走了，之後他又住上海……」。周作人利用這篇文章，掩飾魯迅遭迫害的情況，反而大肆渲染「在同住的時候，我們是很快樂很熱鬧的人家庭」，極力抹煞革命者和反革命之間的階級界限，散布反革命的「合二而一」的毒素。在《魯迅與「閏土」》這篇文章的結尾，周作人竟恬不知恥地揚言：「我希望在不遠的期間能夠往紹興去走一趟，不但看看故鄉在解放後的變化，還可以看看這位『閏土』的孫子。……因為追懷往事，或者還能記起些遺忘的事情來，給我作回憶文的資料，這也還不至於是完全自私的願望吧」。這一段極其惡毒。它使一些閱歷不深的青年看來，似乎周作人的多年不能返回故鄉，並不由於他徹底背叛人民，出賣祖國，認賊作父，以身事敵，無面再見江東父老；而是由於公務叢集，日夜繁忙。周作人在這裏把自己打扮成一個到晚年才想退休還鄉的革命者，好像他對人民沒有犯下滔天罪

行，倒有很大功勞，對祖國沒有背叛，倒有多麼深厚的感情似的。真是不知人間尚有「羞恥」二字。一個漢奸，他到底有什麼資格來這樣玷辱共產黨領導下的新文壇，而且竟敢說他製作毒品「不至於是完全自私的願望」，真是豈有此理！

這段文章揭露了，由於周揚等人向周作人大開綠燈，周作人得以出書給自己臉上貼金。這裏提到的「幫助讀者認識魯迅，學習魯迅」的小冊子，書名為《魯迅的青年時代》。作者署名「周啟明」。「附錄其他人的文章」，指的是他的女兒周靜子寫的《回憶伯父魯迅》。作者回憶了她在童年時代魯迅住在八道灣時給她的美好印象，文章本身是沒有問題的。問題在於周作人把這篇文章附錄到他的小冊子裏來，確實是懷有「利用這篇文章，掩飾魯迅遭迫害的情況」的不可告人的用心的。《魯迅與「閏土」》這篇文章介紹完「閏土」就應該結束，偏要節外生枝，加上一段為自己貼金的文章，更是欺人太甚。許廣平的這段揭發、這段控訴，太有必要了。

許廣平的文章還揭發了這樣一樁更加令人吃驚的事：1956年紀念魯迅逝世20周年的大會，周揚居然「指定專人，特地陪同大漢奸周作人去出席這個大會」。這是對於魯迅的莫大侮辱，也是對於紀念大會的莫大侮辱！不說遠的，就看看魯迅逝世前後周作人的表現就可以了。1936年7月31日，他寫出《老人的胡鬧》，在大罵日本上院議員三上參次胡說八道之後有這樣的奇句：

> 三上今年71歲，……何乃不甘寂寞，趨時投機，自忘其醜，此甚足使人見之搖頭嘆息者也。
>
> （中略）

……以上都是對於老年的很好的格言，與孔子所說的道理也正相合。只可惜老人不大能遵守，往往名位既尊，患得患失，遇有新興占優勢的意見，不問新舊左右輒靡然從之，此正病在私欲深，世味濃，貪戀前途之故也。雖曰不自愛惜羽毛，也原是個人的自由，但他既然戴了老醜的鬼臉蹺出戲臺來，則自難禁有人看了欲嘔耳。這裏可注意的是，老人的胡鬧並不一定是在守舊，實在卻是在維新。蓋老不安分重在投機趨時，不管所擁戴的是新舊左右，若只因其新興有勢力而擁戴之，則等是投機趨時，一樣的可笑。（《瓜豆集》，宇宙風社1937年版，第278頁）

　　對於這段文章，許廣平早在1959年寫的《魯迅回憶錄》中就作了尖銳揭露：

　　周作人在一篇題為《老人的胡鬧》的反攻文字中，竟把魯迅與當時投靠日本法西斯主義的一個日本老朽相提並論，暗罵魯迅「往往名位既尊，患得患失，遇有新興占優勢的意見，不問新舊左右，輒靡然從之，……蓋老不安分，重在投機趨時」（見《瓜豆集》278頁）。為什麼周作人這樣說呢，這是因為這時魯迅已公開表明他和中國共產黨站在一起，而周作人卻認為魯迅接受黨的領導，是重在「投機趨時」，是「不問新舊左右，輒靡然從之」，不僅態度蠻橫已極，而且充分表明了兩個人在政治上的分野。（《魯迅回憶錄·所謂兄弟》，《新觀察》1960年第7期）

反動面目，明若觀火。

這是在魯迅逝世前一年寫的，到了魯迅逝世當天，他接受《大晚報》記者訪問時，如是說：

> 先兄對我國社會民族之觀察，皆較深刻，故對一切事物易陷悲觀，且一切批評尤較吾人為苛刻，彼所著之阿Q正傳等篇即充滿此種情調。此種處世態度對大家均無好感。近年在滬情形雖未得詳知，然近閱其《魯迅雜文集》，此書所集文字為去年至今年所寫者，似仍未脫阿Q正傳之態度，或為一般人所謂之安那其派者歟？（《苦雨齋中周作人談往事》，《大晚報》1936年10月21日）

魯迅逝世後的第三天，接受《大晚報》記者訪問他時，更說：

> 說到他的思想方面，最初可以說是受了尼采的影響很深，就樹立個人主義，希望超人出現，可是最近又有點轉到虛無主義上去了，因此他對一切事彷彿都很悲觀。……他的個性不但很強，而且多疑，旁人說一句話總要想一想對於他是不是有利。……往往因為一點小事，就和人家衝突起來，動不動就生氣。（《魯迅靈耗到平，周作人談魯迅》，《大晚報》1936年10月22日）

一派荒謬絕倫的惡毒攻擊。這就是他送給魯迅的「悼辭」！

周作人在魯迅逝世當天接見記者的談話發表後，就遭到宗漢的尖銳抨擊。很足以反映當時普遍的民意，錄之如下：

> 據昨日本報所載北平特訊，周作人向新聞記者發表談話，他認為魯迅的思想，「最近又有點轉變到虛無主

義上去了」。如果新聞記者沒有錯誤，周作人的談話實
在太誣衊了他的死去的兄弟。

魯迅從反封建的路線，進展到反帝國主義的路線，
領導青年與醜惡的現實相搏擊，為光明的未來而奮鬥。
他的作品尤其是最近數年來的作品，充滿積極的要求，
合理的指示，這是鐵一樣的事實。不知周作人從什麼地
方看出魯迅的虛無主義的傾向了。

我們站在第三者的立場看來，周作人始終不曾也不
欲理解魯迅的思想，因此主觀地理解甚至惡意地抨擊魯
迅的言論與行動，因此兩人間的距離也就愈隔愈遠了。
（《從周作人談魯迅說到人類的隔膜》，《大晚報》1936年10月
22日。）

到了1936年11月30日，魯迅逝世後一個月寫的《論罵人的
文章》，更不像話。文章特別提到成仿吾一夥當年的圍攻，要
迫使被攻者投降。被攻者卻堅不投降，「始終力戰不屈，罵不
絕口」，「相持不下」。「終究有個了局，如何了法其機密
不能詳知，大抵看《水滸傳》可以知道一點，如及時雨之率眾
推戴玉麒麟，歸根結蒂仍是一種撫法，又是一種降法，不過是
極高妙的一種罷了。（《北新》半月刊102期）文章沒有明提魯迅
之名，讀者一看便知刺的是誰。這是說，圍攻魯迅的創造社所
以最後推戴魯迅為左翼作家聯盟的盟主，是魯迅「罵不絕口」
罵出來的。這裏，對魯迅的攻擊何等惡毒！周作人諷刺別人靠
「罵人文章」起家，他的這篇罵倒魯迅乃至罵倒一切的「罵人
文章」，又是為了取得哪一個「及時雨」的推戴而寫的呢？

單憑這些情況，周作人就沒有資格參加紀念魯迅逝世20周年
的大會。這樣一個仇視魯迅的民族敗類，居然把他請來參加大
會，這是對魯迅的大嘲弄，大褻瀆，也是對大會的大嘲弄，大褻

潰。坐在主席臺上的許廣平看到台下竟然坐著這麼個角色，內心是什麼滋味可以想見。她不在沉默中爆發那才是怪事。

許廣平還揭發了這樣的事實。

> 本來，由於舊中宣部的常務副部長胡××的指使，人民文學出版社的黨內走資本主義道路的當權派，就以預支稿費的名義，每月給周作人生活費二百元，但是這個大漢奸還嫌給的太少，說每月應給他四百元才行。周揚聽到這話以後，馬上批准如數照發，把他像豬玀一樣的供養起來。三年自然災害期間，我國廣大革命人民和幹部，克服由於天災和蘇修給我們帶來的困難，自力更生，艱苦奮鬥，但是周作人這個大漢奸卻得到格外的照顧。有些機關的黨內走資本主義道路當權派，為他奉獻食品，去探望他的「疾病」。周揚本人更是對他關心備至，愛護有加，外出期間，特意將一疊蓋有周揚私章的空白信箋交給周作人，讓其隨意填寫，願到那裏，就到那裏，令其為所欲為，滿足其各種反動要求。回想起來，周揚之流對周作人如此垂青，而對魯迅卻那樣懷恨，又是砍殺著作，又是曲加注解，又是造謠中傷，又是圍攻打擊，必欲置之死地而後快，這難道是偶然的嗎？

在1956年工資改革以前，一個三級工人的工資不過三十多元，俞平伯身為北大教授月薪不到一百，周作人居然每月給以「預支稿費」200元乃至400元，哪裏只是把他像豬玀一樣的供養起來，簡直是把他當老太爺一樣的供養起來了。周揚還把蓋有他的私章的空白信箋交給周作人，讓其隨意填寫，真是把周作人當親信對待了。一經和他對魯迅的惡劣態度對比，更顯出周揚的可恥的愛憎立場。

決策中樞拿許廣平的這篇文章作為打周揚的武器，是糊塗得可笑的。周作人享受那麼優渥的待遇，沒有毛澤東的指示，周揚等人敢這麼做嗎？尤其是，把周作人請來參加紀念魯迅逝世二十周年大會，如果沒有最高一人發話，誰敢這麼做。許廣平揭露的矛頭實際上已經指向毛澤東了。這大概是她當時沒曾覺察到的。

許廣平文革期間只在1966-1967年寫了三篇批判周揚的文章（其中一篇是發言稿）。1968年3月就因魯迅手稿被戚本禹取走一急之下心臟病猝發去世。這三篇文章，成為許廣平的最後遺文。但三篇文章後來出版的《許廣平文集》未收，所有論及許廣平的文章都隻字未提。原因很明白，那些文章是在不正常的政治環境下寫的，許廣平是把周揚當作文藝黑線的頭目來批判的。文化大革命已經被徹底否定，周揚已經恢復名譽，則許廣平的這些文章，自然應予徹底否定，以不提為上策了。

我以為，許廣平這三篇批判周揚的文章，不應任其湮沒。許廣平的文章並沒有完全遵從決策中樞的要求寫，她利用機會向廣大群眾說出歷史真相。第一篇《不許周揚攻擊和誣衊魯迅》，主要揭露周揚1957年反右鬥爭中對魯迅的攻擊和誣衊。第二篇《毛澤東思想的陽光照耀著魯迅》，主要揭露周揚等人在直接促成魯迅死亡上的罪惡。第三篇《「我們的癰疽，是他們的寶貝」》，主要揭露周揚對周作人的重用。三篇文章的揭發基本上是符合事實的。有的片段出現批非應批、揭非應揭的情況，這與許廣平當時認識的局限有關，是完全可以理解的。有人認為，在文革期間揭發周揚統統是落井下石，這個看法未免片面，缺乏對具體情況的具體分析。必須認識到這個基本情況，許廣平對周揚的這些意見，不是為了響應號召臨時湊出來的，而是長期壓積心頭一直沒有機會傾吐，好不容易找到這麼個機會才充分加以利用的。可能有人認為，這個機會找得不合

適，在決策中樞把周揚當作文藝黑線總頭目打擊的時候不該出來助威。請不要忘記，許廣平寫這些文章不是出於她個人的恩怨，而是為了維護魯迅的光輝形象，為了維護魯迅的戰鬥傳統，為了維護魯迅精神。這些崇高的目的，完全符合廣大熱愛魯迅的讀者的要求，完全符合歷史發展的要求，許廣平的行動的正面效應遠遠超過負面的副作用。許廣平的三篇文章，決不能與文革中那些落井下石的文章混為一談。對許廣平此舉有所非議的人，書生的迂腐之氣未免太重了。

還必須說明的是，許廣平第三篇文章是1967年9月寫出，10月份發表的。這時周作人已經去世五個月。她不在周作人未去世時揭發，等到他死後才來揭發，應該是考慮到如果在世時揭發，勢必引發紅衛兵對他加劇的迫害，她是盡量把負面的副作用降到最低限度的。

九

惡用魯迅最殘酷的一著，就是逼周建人大出洋相。

1971年第三期《紅旗》發表周建人《學習魯迅　深入批修——批判周揚一夥歪曲、誣衊魯迅的反動謬論》。這篇洋洋萬言的文章，決不是周建人自己寫的，是別人寫出要他署名而已。這樣的大事，不經過毛澤東的首肯是無法想像的。這裏摘錄兩段洋相文章略加掃描。

第一段洋相文章：

就在《新民主主義論》這篇光輝著作發表的第二年，反革命修正主義分子周揚拋出了《精神界之戰士》一文，公然同毛主席對魯迅的英明論述相對抗。他以「分析」魯迅的早期思想為名，在「為什麼人」這個

根本問題上歪曲、誣衊魯迅。他胡說什麼「魯迅的中心思想是反對市儈，主張個性，……這個觀點在他整個的生活和藝術中演了重要的作用」；又說什麼「自尊心（『尊己』），頑強反抗性（『所遇常抗』），絕不妥協的精神（『不克厥敵，戰則不止』）這就是魯迅所終身服膺而又身體力行了的拜倫主義的基本特點」。一句話，就是說魯迅一生是追求資產階級「個性解放」的。

為工農大眾還是為剝削階級，為無產階級的階級解放還是為資產階級的「個性解放」，這是區別無產階級革命者和資產階級革命者的分界線。為無產階級解放事業奮鬥終身的魯迅，和「個性解放」論者，完全是兩股道上跑的車，走的根本不是一條路。

這是把「個性解放」的要求看成是資產階級個人中心主義的東西。這是錯誤的理解。

出於反對封建壓迫的願望而提出的「個性解放」思想，其實際內涵是十分歧異複雜的。僅就其最終要求來考察，所有這些「個性解放」思想可以分為很不相同的兩大類。一類是，僅僅要求自己某一方面的個性從反動的拘束裏解脫出來，追求的僅僅是個人的權利和自由。另一類「個性解放」的主張者，他們不僅追求自己的個性從封建的拘束下得到解脫，更要求周圍群眾的個性也得到解放。西方資產階級啟蒙運動和革命中不少思想家，就是這樣。魯迅在《摩羅詩力說》中歌頌的詩人，多屬這一類。魯迅在論及雪萊的時候，對這位詩人的創作意圖特別做了這樣的分析：

修黎者（葉按：即雪萊），神思之人，求索而無止期，猛進而不退轉，淺人之所觀察殊莫可得其淵深。若能真

識其人，將見品性之卓，出於雲間，熱誠勃然，無可沮
遏，自趁其神思而奔神思之鄉；此其為鄉，則爰有美之
本體。奧古斯丁曰，吾未有愛而吾欲愛，因抱希冀以求
足愛者也。惟修黎亦然，故終出人間而神行，冀自達其
所崇信之境；複以妙音，喻一切未覺，使知人類曼衍之
大故，暨人生價值之所存，揚同情之精神，而張其上征
渴仰之思想，使懷大希以奮進，與時劫同其無窮。（《魯
迅全集》第1卷第85頁）

　　這裏，魯迅指出雪萊從事創作的兩個緊密聯繫的意圖：一、
「冀自達其所崇信之境」，追求個人的「個性解放」；二、「以
妙音，喻一切未覺」，進一步喚醒一切沒有覺醒的人們，使他們
知道阻礙人類社會發展的根本原因之所在，從而自覺地向理想的
境界奮勇前進。在雪萊這裏，是根本沒有什麼「資產階級個人中
心主義」的東西的。雪萊如此，拜倫也如此。

　　可見，把資產階級「個性解放」思想不加分析地一律諡之
為「資產階級個人自我中心主義」是不符合事實的。把魯迅早
期的「個性主義」思想與「個人自我中心主義」混為一談，更
是鹵莽太甚了。

　　列寧早就尖銳地批評過那種對待「資產者」的極左態度。
他指出：

　　我們往往是極端不正確地、狹隘地、反歷史地瞭解這個
　　名詞，把它（不區分歷史時代）和自私地保護少數人的
　　利益聯繫在一起。不應忘記，在18世紀啟蒙者（他們被
　　公認為資產階級的先導）寫作的時候，在我們的40年代
　　至60年代的啟蒙者寫作的時候，一切社會問題都歸結為
　　與農奴制度及其殘餘作鬥爭。新的社會經濟關係及其矛

盾，當時還處於萌芽狀態。因此，資產階級的思想家在
當時並沒有表現出任何自私的觀念；相反地，不論在西
歐或俄國，他們完全真誠地相信共同的繁榮昌盛，而且
真誠地期望共同的繁榮昌盛，他們確實沒有看出（部分
地還不能看出）從農奴制度所產生出來的制度中的各種
矛盾。（列寧：《我們究竟拒絕什麼遺產？》，《列寧選集》，
人民出版社1960年版，第1卷第128頁）

　　這才是真正的馬克思主義的分析。洋相文章的代筆者白以
為站在馬克思主義立場把「個性解放」思想一律歸結為「資產
階級個人中心主義」，恰恰是背離了馬克思主義的。
　　魯迅的世界觀經歷了從革命民主主義到共產主義的轉變，
但並不意味著對於前期思想中具有未來意義的積極的思想徹底
拋棄。魯迅早期「反對市儈，主張個性」的要求確實是他成為
共產主義戰士之後也「服膺而又身體力行了的」。在30年代的
黑暗統治下，魯迅的「反對市儈，主張個性」，是針對著帝國
主義和國民黨反動派的，是代表廣大人民利益的。「自尊心
（『尊己』），頑強反抗性（『所遇常抗』），絕不妥協的精
神（『不克厥敵，戰則不止』）」，確實就是魯迅所終身服膺
而又身體力行了的。正是這種反對黑暗勢力的戰鬥精神融合在
共產主義思想中，才有了後期更輝煌的到達。難道魯迅後期的
思想是從天上掉下來的嗎？
　　文章還批判：

　　　　周揚之流把「個性解放」說成是魯迅「終身服膺」、
　　　　「身體力行」的思想，決不僅僅是為了否定魯迅，有其
　　　　反動的政治目的。周揚在《精神界之戰士》一文中，公
　　　　然宣揚「個性解放」的思想「對於我們今天也仍不失它

巨大思想教育的意義」。其險惡用心，就是妄圖誘使我
們去追求資產階級的「個性解放」、「個性反抗」，背
離馬克思主義、列寧主義、毛澤東思想，背離無產階級
革命和無產階級專政。

周揚認為「個性解放」思想「對於我們今天也仍不失巨
大思想教育意義」，完全正確。舞臺上白毛女反抗王世仁的鬥
爭，就是「個性解放」、「個性反抗」。《小二黑結婚》中小
二黑、小芹反抗父母的包辦婚姻，就是「個性解放」、「個性
反抗」。這兩個作品都是毛澤東所認可的。難道毛澤東居然為
背離毛澤東思想的作品捧場嗎？

第二段洋相文章：

> 周揚還惡意歪曲魯迅所走的革命道路，胡說什麼
> 「魯迅的道路有他的特殊性」，是自己「摸索、奮鬥，
> 最後走上正確道路」。
>
> 魯迅是怎樣成為一個偉大的共產主義者的，叛徒、
> 特務周揚之流根本沒有資格談論這個問題。他們當然是
> 無法理解的。
>
> 從辨證唯物論的觀點來看，魯迅的道路並不特殊。
> 魯迅的革命道路，就是學習馬克思主義與參加革命實踐
> 的統一。急風暴雨式的群眾階級鬥爭是魯迅鍛鍊成長的
> 革命熔爐。（略）土地革命時期，共產主義者魯迅在毛
> 主席革命路線指引下，選擇文化鬥爭的中心上海作為戰
> 鬥基地，披荊斬棘，在粉碎反革命文化「圍剿」中，成
> 了中國文化革命的偉人。
>
> 偉大導師列寧說：「沒有革命的理論，就不會有革
> 命的運動。」魯迅重視革命實踐，同樣地也看重理論學

習。1927年以後，他結合革命鬥爭的實際，刻苦地學習了馬克思主義著作。不管鬥爭多麼緊張，環境多麼惡劣，身體多麼不好，他如饑似渴地堅持學習。在那種拿紅皮書也要坐班房的反動統治下，他冒著生命的危險，在上海以內山書店一個職員的名義，租了一個房間，存放馬、恩、列、斯的著作，經常帶著鬥爭中的問題進行學習。他學習過的有《共產黨宣言》、《社會主義從空想到科學的發展》、《論中國革命問題》等馬列主義著作。

魯迅確實是自己「摸索、奮鬥，最後走上正確道路」的。魯迅在《答國際文學社問》中說得明白不過：

先前，舊社會的腐敗，我是覺到了的，我希望著新的社會的起來，但不知道這「新的」該是什麼；而且也不知道「新的」起來以後，是否一定就好。待到十月革命後，我才知道這「新的」社會的創造者是無產階級，但因為資本主義各國的反宣傳，對於十月革命還有些冷淡，並且懷疑。現在蘇聯的存在和成功，使我確切地相信無階級社會一定要出現，不但完全掃除了懷疑，而且增加許多勇氣了。（《魯迅全集》第6卷第18頁）

這不是魯迅自己「摸索、奮鬥，最後走上正確道路」的最有力的證明嗎！

魯迅在五四時期就讀過李大釗的《庶民的勝利》、《布爾什維主義的勝利》、《新紀元》等文章，魯迅沒有從中看到文章中明確指出的「正確道路」。魯迅在五四時期就讀過陳望道翻譯的《共產黨宣言》，也沒有從《宣言》的明確指引中看到「正確道路」。洋相文章的代筆者顯然要人們相信，魯迅是在

馬克思主義的指引下走上「正確道路」的。事實給了他一個大耳光。

魯迅於1927年9月27日離開廣州，10月3日到達上海，從此定居在那裏，從事革命文學事業。他所以選擇上海，原因很清楚：上海是文化最發達、文人最活躍的地區。華洋雜處的環境，給了進步文化活動以有縫可鑽之機。沒有一個其他城市具有如此優越的條件的。洋相文章說「共產主義者魯迅在毛主席革命路線指引下，選擇文化鬥爭的中心上海作為戰鬥基地」，這是拿歷史開玩笑。首先，魯迅到上海的時候還不是共產主義者。其次，魯迅當時根本不知道什麼「毛主席革命路線」。

「不管鬥爭多麼緊張，環境多麼惡劣，身體多麼不好，他如饑似渴地堅持學習。」——魯迅在1928年，的確是饑似渴地學習的。可是那時魯迅身體不是「多麼不好」，而是很好。而且那時對魯迅來說鬥爭並不緊張，他要對付的不是國民黨反動派，而是創造社和太陽社的圍攻。環境惡劣，不是反動派造成的，是自己陣營中的極左分子造成的。1928年以後，魯迅很少專門學習馬克思主義的著作了。

「經常帶著鬥爭中的問題進行學習」——這讓人想到「林副主席」的指示。「對毛澤東同志著作，要帶著問題學，活學活用，學用結合，急用先學，立竿見影。」在代筆者的筆下，活學活用的首倡權，不屬林彪了。

「租了一個房間，存放馬、恩、列、斯的著作」，那馬、恩、列、斯的著作一定是很多很多的了。查魯迅1927年後歷年的書帳，並沒有看到魯迅購置過那麼多的馬、恩、列、斯的著作，需要專門租一間房子存放才行。不妨看一下書帳：

1928年，購置書共二百多種。馬、恩、列、斯的著作只有一本：日本人翻譯的列寧《論中國革命》。另有普列漢諾夫的《藝術論》和日本人寫的馬克思主義的著作《唯物論與辯證法

之根本概念》、《唯物史觀解說》《馬克思主義之根本問題》等共25種。這是購置有關馬克思主義的書最多的一年

1929年，購置書共二百多種。沒有馬、恩、列、斯的著作。馬克思主義的著作有日本人翻譯的普列漢諾夫的《史的一元論》和日本人寫的《唯物史觀研究》、《自由與必然》等共十本。

1930年，購置書共三百多種。沒有馬、恩、列、斯的著作。馬克思主義著作只《戰鬥的唯物論》等四本。

1931年，購置書共二百多種。沒有馬、恩、列、斯的著作。馬克思主義著作只一本：《馬克思主義藝術理論》。

1932年，購置書共二百多種，馬、恩、列、斯的著作一本也沒有。馬列主義著作也只有一木：日本人寫的《史底唯物論》。

1933年，購置書共二百多種，馬、恩、列、斯的著作一本也沒有，只有日本人寫的馬克思主義的著作3種：《唯物辯證法講話》、《馬克思主義辯證法唯物論》、《史的唯物論》三種。

魯迅擁有的馬、恩、列、斯著和馬克思主義的著作一共加起來不足一百本，居然要租一間房間存放，未免小題大做了。事實是，魯迅的藏書太多，所以才於1933年3月另租房存放。魯迅1933年3月27日日記：「下午移書籍至狄思威路。」（《魯迅全集》第15卷第71頁）為什麼「移書籍至狄思威路」？這在1936年4月14日給唐弢信有云：「去年因嫌書籍累墜，擇未必常用者裝箱存他處」。（《魯迅全集》第13卷第356頁）可見為存放馬、恩、列、斯的著作專門租了一個房間，不是事實。這個情況，周建人完全清楚，現在卻被代筆者肆意歪曲，讓他大出洋相，太殘酷了。

把周建人推出來「打魯迅牌」，沒有毛澤東的指示是不可想像的。周建人當時已經是七十八歲高齡的老人，還硬要讓他出一番洋相，太不擇手段了。

十

在決策中樞大打魯迅牌的狂潮中，北京首先應運而生了《魯迅語錄》。裝幀和《毛澤東語錄》一樣，紅塑料封皮，六十四開。隨後各地也一窩蜂跟上。這個《魯迅語錄》居然能夠在全黨全民大樹特樹偉大領袖毛澤東的熱潮中暢行無阻，沒有經過毛澤東本人的首肯是無法想像的。這也是「打魯迅牌」的一大偉舉。《魯迅語錄》是為文化大革命助威而編寫的，毛澤東哪有不歡迎之理。我手裏有一本「首都紅代會中國人民大學三紅」編印的《魯迅語錄》，1968年出的「修訂本」。現在的讀者很難看到這樣的《語錄》了，很有必要做些介紹。

全書以「毛主席論魯迅」開路，引錄毛澤東高度讚揚魯迅的語錄五則，和一篇在陝北公學魯迅逝世周年紀念大會上的講話。

《語錄》用魯迅的話來證明毛澤東發動和領導的無產階級文化大革命的必要性和合理性，用魯迅的話來為文化大革命無法無天的瘋狂行動助聲勢。框架結構，「文革」化；標題用語，「文革」化。魯迅真面目被顛覆，只見被「文革」化了的所謂「文化革命先驅」。

全書引錄的魯迅語錄分23節逐節詳述。

（一）《共產黨和毛主席》

文革期間響徹神州大地的最強音是：「偉大導師、偉大領袖、偉大統帥、偉大舵手毛主席萬歲！萬歲！萬萬歲！」「毛主席萬壽無疆！萬壽無疆！萬壽無疆！」毛澤東就是黨，黨就是毛澤東。《語錄》把「共產黨和毛主席」作為第一節，充分體現了文革的時代特色。

這一節引錄了五則魯迅讚揚中國共產黨的話。然而那時的毛澤東和中國共產黨還是在正確路線指導下進行革命的；文革時期的毛澤東和中國共產黨執行的是一條極左路線，與當年的毛澤東和共產黨已經判若天壤。《語錄》用魯迅當年讚揚毛澤東和中國共產黨的話來歌頌今天的毛澤東和共產黨，是對魯迅的歪曲。魯迅如果活到文革時期，他是絕對不可能為「左」到如此程度的毛澤東和黨唱讚歌的。這一節對魯迅語錄的引用，不能不是對魯迅的大褻瀆。

即使我們完全不考慮《語錄》摘編者們的政治用心，他們摘編的魯迅的言論，也是不符合魯迅的真實和歷史的真實的。魯迅對共產黨的態度，不是語錄所摘引的那幾條讚美之詞所能包含的。魯迅對於共產黨到來的時候他的生命能否保住，是很懷疑的。前面提到1934年4月30日給曹聚仁信中的話和1936年對馮雪峰說的話，都是明證。魯迅，尤其是在後期，對中國共產黨是由衷欽佩的，但也看到其中擁有一批極左的狂熱分子。所以他一方面對共產黨表示欽仰，一方面也害怕極左分子對他的迫害。《語錄》不把魯迅給曹聚仁信中的話和對馮雪峰講的話如實摘引到《語錄》裏，暴露出《語錄》騙人本相。

（二）《階級和階級鬥爭》

「馬克思主義的道理千條萬緒，歸根結蒂，就是一句話：造反有理。根據這個道理，於是就反抗，就鬥爭，就幹社會主義。」這是文革期間譜成歌曲，大人小孩都會唱的毛主席語錄歌。對馬克思主義略有所知的人都知道，馬克思主義的精髓是實事求是。毛澤東為了貫徹他的以階級鬥爭為綱的治國方針，把馬克思主義的精髓改為「造反有理」，亦即階級鬥爭為綱有理。這是對馬克思主義的歪曲。《語錄》的編者，顯然是為忠實體現毛澤東「以階級鬥爭為綱」的指示而建立了這一節的。

在文化大革命中高呼「階級和階級鬥爭」，目標指向十分明確：以中國赫魯曉夫為首的「走資本主義道路的當權派」，以及在中國赫魯曉夫這條又粗又長的黑線中，包括「反動學術權威」和各種所謂「牛鬼蛇神」。事實上，這些被指為階級敵人的，都是中華人民共和國的合法公民。這就從根本上決定了這一節的反動性。意圖用魯迅的話來證明文化大革命對廣大幹部和廣大人民的迫害的合理，是對魯迅的大污蔑，大褻瀆。

但，如果我們暫時不去考慮編者們邪惡的政治目的，孤立地看取他們所選的語錄，頗有滑稽之處。

「階級鬥爭」，黨內是把它嚴格地分為兩個有質的區別的概念的。一個是在黨的領導下發生的「階級鬥爭」，一個是不在黨領導下發生的「階級鬥爭」；前者名曰「自覺鬥爭」，後者名曰「自發鬥爭」。《語錄》的這一節標題中的「階級鬥爭」，顯然應該指「自覺鬥爭」，可是編者摘錄的魯迅話裏，有不少是肯定「自發鬥爭」的，與標題應具的特定意義不符。顯出編輯們和他們的後臺的低能。

（三）《革命和革命戰爭》

關於「革命」，文化大革命一開始就在語錄歌裏這樣唱起：「革命不是請客吃飯，不是做文章，不是繪畫繡花，不能那樣雅致，那樣從容不迫，文質彬彬，那樣溫良恭儉讓。革命是暴動，是一個階級推翻一個階級的暴烈的行動。」正因為是「暴烈的行動」，所以僅北京市一地，從八月下旬到九月底，就有一千七百人被活活打死。這一節「革命和革命戰爭」，顯然是呼應這一「暴烈的行動」而建立的。這就決定了這節的反動性。《語錄》摘錄了不少魯迅的片言隻語，只能是對魯迅的惡毒褻瀆。

（四）《文化革命》

　　單辟一節「文化革命」，顯然是為了緊扣當時的「無產階級文化大革命」。而魯迅又被捧為「文化革命的先驅」，自然必須大做文章了。魯迅活著的時候，根本想不到在他死後三十年，華夏大地會發生如此史無前例的「文化大革命」，更沒有想到他居然被封為這場大革命的「先驅」，《語錄》的所作所為，只能是對魯迅的惡毒歪曲。

　　但，對這一節的第一條有必要做一些破譯。摘錄的是《從「別字」說開去》（《且界亭雜文二集》，《魯迅全集》第6卷第224頁）：「文化的改革如長江大河的流行，無法遏止，假使能夠遏止，那就成為死水，縱不乾涸，也必腐敗的。當然，在流行時，倘無弊害，豈不更是非常之好？然而在實際上，卻斷沒有這樣的事。回復故道的事是沒有的，一定有遷移；維持現狀的事也是沒有的，一定有改變。有百利而無一弊的事也是沒有的，只可權大小。」《語錄》的編者企圖用魯迅這段話來為這場發動不久已經給神州大地造成空前巨大災禍的文化大革命辯護，用魯迅的話為林彪「收穫最大最大，損失最小最小」的鬼話作注釋。用心良苦！

（五）《革命派與保守派》

　　這也是文化大革命期間特有的一組詞語。革命派，是緊跟偉大領袖鬧革命，打倒一切「走資派」的；保守派則是死保走資本主義道路的當權派的，一般被稱為「臭老保」。魯迅生活的年代哪有這樣的兩派。這就注定了《語錄》離題萬里的生拉硬扯。

（六）《反動派的虛弱本質和卑鄙伎倆》

這一節的「反動派」，指的是劉少奇等人。但他們都不是「反動派」，這就從根本上決定了這一節的反動性。

但也不妨欣賞一下最可笑的一條：「用棍子攪了一下停滯多年的池塘，各種古的沉滓，新的沉滓，就都翻著筋斗漂上來，在水面上轉一個身，來趁勢顯示自己的存在了。……但因為泛起來的是沉滓，沉滓又究竟不過是沉滓，所以因此這一泛，他們的本相倒越加分明，而最後的運命，也還是仍舊沉下去。」這一段文字錄自魯迅寫於1931年底的《沉滓的泛起》。只要對照原文，就可以看出文章所指的泛起的「沉滓」，是：一、美國的一張舊影片：《兩親家游非洲》。二、愛國歌舞表演的演員：王人美、薛玲仙、黎莉莉。三、上海文藝界救國會。這三個被魯迅稱作「沉滓」提出的，只有上海文藝界救國會是反動的「民族主義文學者」所組織，屬反動派的，其餘兩起都不能以反動派看待。《語錄》的編者把最關鍵的文字用省略號隱去，斷章取義不擇手段到如此地步！

（七）《奴才、叛徒和反革命兩面派》

這一節把「叛徒和反革命兩面派」放在一起，針對性十分明確，指的是劉少奇等人。他們根本不是「叛徒和反革命兩面派」，這就從根本上決定了這一節的荒誕。

（八）《革命的硬骨頭精神和韌性戰鬥》

毛澤東在《新民主主義論》中指出：「魯迅的骨頭是最硬的。」這一節語錄是根據這一最高指示建立的。毛澤東當時矛頭指向國內外敵人，《語錄》編者卻適應毛澤東荒唐透頂的文革要求，用來針對劉少奇等人。這就從根本上決定了這節語錄

的選輯是對魯迅的惡毒褻瀆。

（九）《痛打「落水狗」》

這一節的建立，顯然是呼應姚文元在七萬人大會上的講話的。他在講話中提出要學習和發揚魯迅的「打落水狗」的戰鬥精神。《語錄》編者緊緊跟上，搞出這麼一節。

「落水狗」這一詞語，出自魯迅的《論「費厄潑賴」應該緩行》，指的是已經失敗但還沒有投降的階級敵人。《語錄》所指的「落水狗」卻不是階級敵人，而是中華人民共和國的幹部和公民。這也從根本上決定了這節語錄的選輯是對魯迅的惡毒褻瀆。

（十）《反對折中主義》

這一節的建立顯然是配合姚文元的講話。姚文元在七萬人的大會上讚揚魯迅「最憎惡那些貌似『公正』而實際上站在舊勢力一邊的『正人君子』們」。這一節的「正人君子」，指的是蘇共修正主義集團：「請看國際共產主義運動中那些自以為『唯獨自己得了』『中庸之道』的人，其實正在暴露出庸俗不堪的修正主義鬼臉。我們要發揚這種對敵人不妥協的戰鬥精神，……堅決把反對以美帝為首的帝國主義和以蘇共領導集團為中心的現代修正主義的鬥爭進行到底」。魯迅在世的時候哪有什麼「蘇共修正主義集團」，這就決定了這一節建立的荒誕。

（十一）《革命派的聯合和革命的統一戰線》

這一節，顯然是適應當時呼籲各個造反派不要打內戰的號召而建立的。魯迅的言論自然不可能幫他們的忙。但，有一條選得頗有趣：「左翼作家不是從天上掉下來的神兵，或外國殺進來的仇敵，他不但要那同走幾步的『同路人』，還要招致那

站在路旁看看的看客也一同前進。」——造反派和紅衛兵組織恰恰相反，他們是只要「紅五類」，不要「黑五類」的。他們拒絕「同路人」，他們拒絕「站在路旁看看的看客」。因此，魯迅的這條語錄倒是照出那些打內戰的造反派和紅衛兵組織的醜惡面目了。

（十二）《人民群眾》

毛澤東在天安門檢閱群眾隊伍的時候，回應群眾的「毛主席萬歲，萬萬歲」的呼聲，高呼「人民萬歲」，似乎很尊重人民群眾。事實上，卻把人民群眾當阿斗、當馬牛。這一節《語錄》建立之時，亦即破產之時。

（十三）《新生事物》

這一節的建立，顯然緊跟姚文元在七萬人大會上的講話：「魯迅曾經滿腔熱情地呼籲過：『我們應當造出大群的新的戰士』，這在他那個時代是不可能做到的，在今天，新戰士已經成為一支浩浩蕩蕩的文化大軍，……」——我在前面已經指出了這個論調的荒謬，不重複了。

姚文元和他的追隨者把文化大革命中「紅衛兵」無法無天的行為譽之為「新生事物」，要借魯迅的言論來予以發揚光大，必然是枉費心機的。

但，有一條選得頗為有趣：「無論什麼黑暗來防範思潮，什麼悲慘來襲擊社會，什麼罪惡來褻瀆人道，人類的渴仰完全的潛力，總是踏了這些鐵蒺藜向前進。」——「黑暗來防範思潮」，「悲慘來襲擊社會」，「罪惡來褻瀆人道」的，不正是你們這批無法無天的狂熱分子嗎！這條語錄成為你們的自我諷刺。一巴掌打到自己的臉上，也打到你們的最高統帥的臉上。煞是好看！

（十四）《俯首甘為孺子牛》

在七萬人大會上，姚文元在他的講話裏把它作為學習魯迅精神「最重要、最根本」的一條予以強調：「像魯迅那樣，全心全意為無產階級和人民大眾服務，老老實實做人民的勤務員，做人民的『牛』，以平等的姿態同群眾講話，為群眾辦事，奮鬥到生命的最後一息，服務到生命的最後一息，打掉個人主義，打掉各種自居於人民之上、『做官當老爺』的剝削階級架子。」說得很好聽。你們不僅早已「自居於人民之上」，而且成為屠宰場上的屠夫，把人民當「牛」宰殺不知其數了，還要混充魯迅的信徒在這裏胡說八道，真不知人間有羞恥事。這一情況，決定了這一節的建立必然破產。

（十五）《思想改造》

「思想改造」，這是共產黨對知識分子面提耳命唱個不停的老調，目的在於把知識分子改造成馴服而又馴服的工具。《語錄》建立這一條，要把魯迅請出來為之助聲勢，只能是枉費心機。

但有一條卻選得特別可笑：「我的祖父是做官的，到父親才窮下來，所以我其實是『破落戶子弟』，不過我很感謝我父親的窮下來（他不會賺錢），使我明白了許多事情。因為我自己是這樣的出身，明白底細，所以別的破落戶子弟的裝腔作勢，和暴發戶子弟之自鳴風雅，給我一解剖，他們便弄得一敗塗地，我好像一個『戰士』了。使我自己說，我大約也還是一個破落戶，不過思想較新，也時常想到別人和將來，因此也比較的不十分自私自利而已。」（1935年8月24日致蕭軍信，《魯迅全集》第13卷，第196頁）魯迅在這段文字裏反覆強調他是「破落戶子弟」。所謂「破落戶子弟」，在文革期間是屬「黑五類」

的。把這樣的自我亮醜的文字編進《魯迅語錄》，不僅讓魯迅在「紅五類」面前掉價，而且讓決策中樞感到尷尬。毛澤東本人是富農家庭出身，知情者諱莫如深。《魯迅語錄》的編者和他們的後臺，在這個重大問題上不為尊者諱，太低能了。

（十六）《思想方法、鬥爭藝術》

這一節的建立，呼應姚文元在七萬人大會上的又一條指示的。姚文元說：「要學習魯迅觀察問題時的辯證觀點。」姚文元指出，他提出這一條是根據毛澤東《在中國共產黨宣傳工作會議上的講話》：「魯迅後期雜文最深刻有力，並沒有片面性，就是因為這時候他學會了辯證法。」姚文元指出：「當前無產階級文化大革命中，我們遇到各種錯綜複雜的矛盾，特別需要進一步活學活用毛主席偉大的天才的哲學思想，用馬克思主義辯證法去進行階級分析。魯迅後期的閃耀著不滅的戰鬥光芒的雜文和論文，是我們學習分析問題很好的榜樣。」

毛澤東本人早就把辯證法變成詭辯法，姚文元把後期魯迅說成是「活學活用毛主席偉大的天才的哲學思想」的先行者，這是對魯迅的莫大侮辱。《語錄》秉承姚文元的旨意編選這一節，只能是一場黑色幽默。

（十七）《學習和實踐》

文革期間，無論男女老少，無論識字與否，都被組織起來學習毛澤東的「老三篇」（即《為人民服務》、《紀念白求恩》、《愚公移山》），而且要求熟背。連不識字的老太婆也不能幸免。《語錄》建立這一節，企圖從魯迅那裏找到這一狂熱行動的支持，注定了必然失敗。

但，其中有一條卻選得頗為滑稽，值得一看：「我是主張青年也可以看看『帝國主義者』的作品的，這就是古語的所

謂『知己知彼』。青年為了要看虎狼，赤手空拳的跑到深山裏去固然是呆子，但因為虎狼可怕，連用鐵柵圍起來了的動物園裏也不敢去，卻也不能不說是一位可笑的愚人。有害的文學的鐵柵是什麼呢？批評家就是。」在思想管制空前嚴酷的文革期間，如果真有人按照這一條語錄行事，去讀「帝國主義者」的作品，後果將不堪設想，不把你打成裏通外國的特務，也得把你批得有皮無毛。

然而這一條卻十分有助於人們認清，他們是處在怎樣可怕的閱讀環境裏。

（十八）《青年》

這一節建立的目的也很明顯。文化大革命的主力軍，就是青年，自然要從魯迅的著作裏尋求幫忙了。魯迅的著作裏確實有不少是讚揚青年的，然而那些文字幫不了他們的忙。因為魯迅最痛恨的就是跟著極左路線跑的青年。

有意思的是，這本《魯迅語錄》出籠十個月後，1968年12月，毛澤東下達了的「知識青年到農村去，接受貧下中農的再教育」的指示，上山下鄉運動於是大規模展開、1968年在學校的初、高中生全部流放到農村。整個文革期間，被流放到農村的知識青年總人數達到一千六百多萬。如此摧殘青年，也是史無前例的。

（十九）《知識分子》

知識分子，當時已被命名為「臭老九」。排在地主、富農、反革命、壞分子、右派、叛徒、特務、走資派八類階級敵人後面，表示知識分子與階級敵人只有半步之差了。這決非危言聳聽。1958年，反右後第二年，決策中樞公開正式聲稱，社會主義新中國存在兩個剝削階級，一個是沒有改造好的地富反

壞右，一個是資產階級和他們的知識分子。這就把知識群體統統劃進剝削階級範疇，與沒有改造好的地富反壞右為鄰了。知識分子用自己的知識兢兢業業為人民效勞，他們一不占有生產資料，二不雇用勞工，怎麼會是剝削階級呢？這是無處去說理的。他說你是剝削階級你不是剝削階級也是剝削階級。決策中樞所以把知識分子定為剝削階級，無非是鑒於知識分子愛管國家大事，愛發議論，必須給戴上這麼一頂帽子，才能使他們夾著尾巴做人。在這樣荒唐的局面下，《語錄》的編者還選摘了魯迅不少肯定知識分子的文字，荒謬之極。

（二十）《繼承與革新》

文化大革命把前人所創造的優秀文化都當做「四舊」徹底否定、徹底破壞。《語錄》還建立這麼一節，豈不是打決策中樞的耳光。《語錄》摘選的魯迅文章中就有一些是直接打決策中樞的耳光的。如，「譬如吧，我們之中的一個窮青年……得了一所大屋子，……那麼，怎麼辦呢？我想，首先是不管三七二十一，『拿來』！但是，反對這宅子的舊主人，怕給他的東西染污了，徘徊不敢走進門，是孱頭，勃然大怒，放一把火燒光，算是保存自己的清白，則是昏蛋。」文革期間的決策中樞不就是「放一把火燒光，算是保存了自己的清白」的大「昏蛋」嗎！

（二十一）《文學藝術》

文化大革命期間，神州文壇一片荒涼。點綴其間的所謂文學藝術，只有「旗手」江青搞的幾個「樣板戲」和毛澤東的幾首「到處鶯歌燕舞」的詩詞，以及所謂語錄歌，所謂忠字舞。《語錄》建立這一節，顯然是想借魯迅的話來遮掩文壇現狀的。這注定了這一節必然破產的命運。

（二十二）《教育》

　　這一節的建立，顯然和毛澤東教育革命的指示有聯繫。毛澤東對學校教育的革命作了這樣的指示：「學制要縮短，教育要革命，資產階級知識分子統治我們學校的現象，再也不能繼續下去了。」這個指示，關鍵語是最後一個分句：「資產階級知識分子統治我們學校的現象，再也不能繼續下去了。」不言而喻，這意味著要把目前在學校的教師，除了極少數非資產階級知識分了之外，統統趕出學校，到農村去改造，換上一批無產階級知識分子。怎麼換？有的「先進」地區就定出計劃：從應屆大學畢業生中選出無產階級知識分子到大學講課，換下原有教師。從中學應屆畢業生中選出無產階級知識分子，到中學講課，換下原有教師。準備三年完成這個偉大創舉。這就是說，要原有的大學和中學教師去培養自己的掘墓人。用心之狠毒，令人震悚。在這樣的情勢下，《語錄》建立這一節的心機不言而喻了。

（二十三）《其他》

　　這一節，雜七雜八地摘引了一些魯迅的片言隻語，很難捉摸出編選意圖。相應不議。

　　從這本《魯迅語錄》可以看出，編選者是怎樣卑劣地用魯迅的話來證明毛澤東發動和領導的文化大革命的必要性和合理性，用魯迅的話來為文化大革命的無法無天的瘋狂行動推波助瀾的。其他組織編輯的《魯迅語錄》和人民大學的這一本大同小異，觀一斑可知全豹了。文革中出籠的《魯迅語錄》，是從又一個方面「打魯迅牌」的邪惡創造。

十一

在毛澤東的指揮下，1971年，「打魯迅牌」又開出新局面。目標轉向林彪。

1970年8月，在廬山召開了九屆二中全會。林彪在會上發表講話，推翻政治局的不設國家主席的決定。他雖然已經被毛澤東定為接班人，而且寫入黨章，但他怕夜長夢多，急於當上國家主席，所以忘乎所以地對不設國家主席的決定發難。在小組討論會上陳伯達積極為林彪助威。11月，毛澤東把陳伯達作為林彪的替罪羊拋出，以反黨論罪。

《紅旗》1871年第3期發表了北京大學署名聞軍的《路線鬥爭決不能休戰——評王明、劉少奇、周揚一夥鼓吹「國防文學」的反動性》，為狂打「魯迅牌」開出又一新局面。

文章題目為「路線鬥爭決不能休戰」，「休戰」二字有講究。陳伯達在1936年兩個口號論爭中曾寫過一篇文章，題目就叫《文學界兩個口號問題應該休戰》。這裏拈出「休戰」二字，這表明，批判周揚不僅要同劉少奇掛鈎，而且要同林彪的替罪羊陳伯達掛鈎了。請看該文做的文章：

> 以「兩個口號」論爭為標志，體現在文藝界的這一場兩條路線的鬥爭，決不只是文藝問題，它深刻地反映著黨內兩條不同的政治路線的激烈搏鬥。在這場搏鬥中，王明、劉少奇叛徒集團，上上下下幾乎傾巢出動，他們或站在幕前，或退居幕後，有時凶相畢露，有時貌似公允，不斷變化手法，宣傳他們的反動主張，推行他們的錯誤路線，反對毛主席的革命路線。值得注意的是，正當魯迅為貫徹毛主席的革命路線和周揚一夥進行

著針鋒相對的鬥爭的時候，王明、劉少奇、周揚一類的假馬克思主義的政治騙子，卻叫嚷什麼兩個口號的論爭是「浪費氣力」，使人「失望」，應當立即「休戰」，妄圖轉移這一場原則鬥爭的目標，為聲名狼藉的「國防文學」大幫其忙。

　　毛主席教導我們：「不是東風壓倒西風，就是西風壓倒東風，在路線問題上沒有調和的餘地。」論爭既然挑起，這個「戰」是萬萬「休」不得的。王明、劉少奇、周揚這類政治騙子，內外串通，幹下的一樁樁反共反人民反革命的罪行，是一定要清算的。他們真想休戰嗎？否！就在他們高叫休戰的時候，不正是向毛主席的革命路線發動進攻，公開宣戰嗎？他們把「國防文學」吹噓成「駁不倒」的唯一正確的口號，把「民族革命戰爭的大眾文學」污蔑成是「宗派主義」，這一褒一貶，他們的反動目的何等鮮明！他們不僅當時沒有休戰，就是解放後，不是還在不斷地為「國防文學」翻案，向無產階級發動進攻嗎？

　　這裏鬧了大笑話。王明、劉少奇、周揚這三個人都沒有提出過「休戰」的建議。王明遠在莫斯科，根本沒有參加兩個口號的論爭。劉少奇寫的《我觀這次論戰的意義》，是批評周揚的：「我們也就很清楚：魯先生茅先生等的意見是正確的，他們提的辦法是正當的，適合於現在實際情形的；同時，論爭愈發展下來，周揚先生等的意見的錯誤和宗派主義與關門主義，也完全暴露了」。哪有「調和」的影子！周揚則是堅持「國防文學」立場、堅決反對「民族革命戰爭的大眾文學」口號的，更不可能提出「休戰」了。批判文章做到這個水平，也算出奇的了。由於陳伯達的案子還沒有到公開的日子，不便直指其

名，只好稱之為「王明、劉少奇、周揚一類的假馬克思主義的政治騙子」。未直指陳伯達之名，卻是直指陳伯達之文的。整段批判文章批的就是陳伯達的《文學界兩個口號問題應該休戰》。

還是看看陳伯達是怎麼說的：

> 文學界兩個口號的問題，現在應該休戰了，論爭當然是不可免的，但爭論這樣長持下去，吃虧的只是自己，得到便宜的是敵人。
>
> 我認為「國防文學」──這個口號是不可駁倒的。就是那提出「民族革命戰爭的大眾文學」的口號的人，也不能否認這口號的正確性。「國防文學」──這是聯合戰線的口號。但對於這個口號的態度，並不要大家一致。我們的聯合戰線，本來是包含著各種樣式的人，這各種樣式的人在「國防」這個共同目標上聯合起來，這各種式樣的人本來是代表著各種式樣的利益，而且還是帶著各種式樣的利益來參加聯合戰線的。有的參加國防的聯合戰線，是為著抗敵來保衛自己的勞動和耕種，有的參加國防的聯合戰線，是為著抗敵來保衛自己的財產，這各種不同的利益，各種不同的動機，無疑地，在自己的文學作品上，也都會反映出來。這樣，願意站在「國防文學」的旗幟下的，對於國防文學的態度，就不能完全一致。當然，這不能說，我們就不能用「國防文學」的口號來團結一切不甘當亡國奴的作家，而只能用「國防」的旗幟。（略）
>
> 一切不願意當亡國奴的作家，應該在國防文學的口號下聯合起來。（略）
>
> 「民族革命戰爭的大眾文學」──這應該是屬於國

防文學的左翼，是國防文學最主要的一種，一個部分，同時也是國防文學的主力。

「民族革命戰爭的大眾文學」──這是左翼作家在「國防文學」下的自己的立場，顯然地，這個口號，不是聯合戰線的口號。

（略）我以為：不甘當亡國奴的作家們應該轉移目前兩個口號的爭鬥，而集中自己的力量來和這各種式樣的漢奸文學，娼妓文學，迷信文學做爭鬥。用怎樣的寫法，怎樣的題材，才可以把那最廣泛最落後的讀者，從漢奸文學，娼妓文學和迷信文學的流毒中奪取過來，這實在是當前一切前進文學家愛國文學家所應當熱烈討論的。展開這種熱烈的討論，才能使國防文學的實踐更具體化起來，更普遍化起來，才能盡起那「喚醒和組織廣大落後的人民群眾到抗敵上來」之文學上的任務。為要盡著這樣偉大的歷史任務，我以為因兩個口號而分裂的作家組織，應該大家犧牲成見，重新統一起來。（轉引自《「兩個口號」論戰資料彙編》，人民文學出版社1982年版，第924-927頁）

陳伯達這篇文章寫得實在太沒水平。他明顯地是站在「國防文學」的立場上說話的，主要觀點和魯迅《答徐懋庸》和《論現在我們的文學運動》中表述的截然對立。魯迅認為，「應當說：作家在『抗日』的旗幟，或者在『國防』的旗幟之下聯合起來；不能說：作家在『國防文學』的口號下聯合起來。」陳伯達卻說，「一切不願意當亡國奴的作家，應該在國防文學的口號下聯合起來。」魯迅認為，「民族革命戰爭的大眾文學，正如無產革命文學的口號一樣，大概是一個總的口號罷。在總口號之下，再提些隨時應變的具體的口號，例如『國

防文學』『救亡文學』『抗日文藝』……等等，我以為是無礙的。」陳伯達卻說，「『民族革命戰爭的大眾文學』——這應該是屬國防文學的左翼，是國防文學最主要的一種，一個部分」。

這篇文章口口聲聲「休戰」，實際上哪裏是「休戰」，而是向「民族革命戰爭的大眾文學」一方進行新的挑戰。幸虧文章發表得晚而且登在不顯眼的刊物上，沒有被「民族革命戰爭的大眾文學」一方看到，不然，必然要引發起新一輪的論戰。他要求「因兩個口號而分裂的作家組織，應該大家犧牲成見，重新統一起來」。既然他認為「『國防文學』——這個口號是不可駁倒的」，則周揚一方就無「成見」需要犧牲；需要犧牲「成見」的只是魯迅一方了。這種誘降的手法也太拙劣了。

他在文章最後還提出號召，要大家放棄論爭去討論如何對付「漢奸文學」，已屬可笑；要大家放棄論爭去討論如何對付「娼妓文學」「迷信文學」，更屬荒唐。在民族危機日益深重的時刻，還要大家討論這些不著邊際的問題，真是糊塗到不可救藥了。

但這只是一篇糊塗文章，決不是像《紅旗》的批判家所說，「向毛主席的革命路線發動進攻」的大毒草。至於說「他們不僅當時沒有休戰，就是解放後，不是還在不斷地為『國防文學』翻案，向無產階級發動進攻」，陳伯達解放後壓根沒有參加周揚一夥攻擊魯迅的行動。批判家不該忘記，陳伯達解放前解放後一直是毛澤東的政治秘書；文革初期還是中央文革小組的組長！

正因為把陳伯達打得如此匪夷所思，這就把決策中樞「打魯迅牌」的凶狠毒辣實質暴露得格外清楚了。

十二

1971年九月十三日，林彪叛逃，飛機中途出事，摔死在蒙古溫都爾汗。專案組人員在林彪住處發現不少附和孔子的條幅，1974年，毛澤東決定發動一個把林彪和孔子掛起鈎來批判的運動。配合運動，一些文教單位編印了不少小冊子，收集了魯迅的文章和片言隻語，拉魯迅為運動助威，冠以「魯迅批孔言論集」等等書名，暢行了一個時期。由於編選者的出發點不正，鬧出了許多笑話。

如，《在現代中國的孔夫子》，這篇文章的主旨是：「孔夫子之在中國，是權勢者們捧起來的，是那些權勢者或想做權勢者們的聖人，和一般的民眾並無什麼關係。」在運動中出現的批孔的文章裏，孔子是一個復辟狂；但在魯迅筆下，孔子是一個到處奔波不得志的糟老頭。在運動中出現的文章大肆宣揚誅殺少正卯事件以證明他是個復辟狂的，魯迅隻字未提，只說：「雖然曾經貴為魯國的警視總監，而又立刻下野，失業了。」表示了對少正卯事件的根本不相信。魯迅的這篇文章和毛澤東發動的「批林批孔」運動根本掛不上鈎。而小冊子的編者卻說，這是魯迅批孔的檄文。毛澤東顯然很欣賞這些小冊子的。

在深入搜查林彪集團的窩點時，從林立果的住處查到他們搞的《五七一工程紀要》，其中攻擊毛澤東是「借馬列主義之皮執秦始皇之法的中國歷史上最大的封建暴君」，並叫嚷「打倒當代的秦始皇」。毛澤東決定把尊秦始皇和批林彪批孔子連接起來。

1973年9月23日，毛澤東會見埃及副總統沙菲時說：「秦始皇是中國封建社會的第一個有名的皇帝，我也是秦始皇。林彪罵我是秦始皇。中國歷來分兩派，一派講秦始皇好，一派講秦

始皇壞。我是贊成秦始皇，不贊成孔夫子。因為秦始皇是第一個統一中國、統一文字，修築寬廣的道路，不搞國中有國，而用集權制，由中央政府派人去各地方，幾年一換，不用世襲制度。」

接著，9月28日，《人民日報》發表《「焚書坑儒」辨》。為秦始皇大唱讚歌。文章批駁了歷來認為「焚書坑儒」是「暴虐行為」的見解，認為秦始皇的「焚書坑儒」是「進步措施」。

配合運動，又出現了拉魯迅為運動助威的小冊子，其中選來為毛澤東吹捧秦始皇助聲勢的，主要的文章是《華德焚書異同論》。

其實，魯迅的這篇雜文根本不是頌秦之作，而是非秦之作。看原文：

> 德國的希特拉先生們一燒書，中國和日本的論者們都比之於秦始皇。然而秦始皇實在冤枉得很，他的吃虧是在二世而亡，一班幫閒們都替新主子去講他的壞話了。

> 不錯，秦始皇燒過書，燒書是為了統一思想。但他沒有燒掉農書和醫書；他收羅許多別國的「客卿」，並不專重「秦的思想」，倒是博採各種的思想的。秦人重小兒；始皇之母，趙女也，趙重婦人，所以我們從「劇秦」的遺文中，也看不見輕踐女人的痕迹。

> 希特拉先生們卻不同了，他所燒的首先是「非德國思想」的書，沒有容納客卿的魄力；其次是關於性的書，這就是毀滅以科學來研究性道德的解放，結果必將使婦人和小兒沉淪在往古的地位，見不到光明。而可比於秦始皇的車同軌，書同文……之類的大事業，他們一點也做不到。

> 阿剌伯人攻陷亞曆山德府的時候，就燒掉了那裏的

圖書館，那理論是：如果那些書籍所講的道理，和《可蘭經》相同，則已有《可蘭經》，無須留了；倘使不同，則是異端，不該留了。這才是希特拉先生們的嫡派祖師——雖然阿剌伯人也是「非德國的」——和秦的燒書，是不能比較的。

但是結果往往和英雄們的豫算不同。始皇想皇帝傳至萬世，而偏偏二世而亡，赦免了農書和醫書，而秦以前的這一類書，現在卻偏偏一部也不剩。希特拉先生一上臺燒書，打猶太人，不可一世，連這裏的黃臉幹兒們，也聽得興高采烈，向被壓迫者大加嘲笑，對諷刺文學放出諷刺的冷箭來——到底還明白的冷冷的訊問道：你們究竟要自由不要？不自由，毋寧死。現在你們為什麼不去拼死呢？

這回是不必二世，只有半年，希特拉先生的門徒們在奧國一被禁止，連黨徽也改成三色玫瑰了。最有趣的是因為不准叫口號，大家都以手遮嘴，用了「掩口式」

（最後一段是諷刺國民黨反動派的，略）（《魯迅全集》第5卷第213-214頁）

希特勒是1933年1月在大資產階級壟斷集團的支持下，當上德國總理的。這年5月，在柏林和其他城市大燒其書。中國的論者把希特勒比之為以焚書出名的秦始皇。魯迅於6月28日就秦始皇的焚書和希特勒的燒書作了比較，糾正了一些人的看法，並對國民黨反動派為希特勒燒書叫好的行徑，作了犀利抨擊。

只要認真閱讀全文，不難發現，文章一開頭的為秦始皇喊冤，不是說他不是暴君，而是因為希特勒是一等暴君，秦始皇只能算是二等暴君，把二等暴君和希特勒這個一等暴君相提並論，是「冤枉得很」的。

下文一一說明「冤枉得很」的情況。

秦始皇焚書，燒掉藏於民間的《詩》、《書》和先秦諸子百家的著作，沒有燒醫藥、卜筮、種樹之書。希特勒則凡是「非德國的」皆燒，而且連有關「性」的書也燒。

秦始皇收羅許多別國的「客卿」，博採於他有用的各種思想。李斯、呂不韋還給以非同一般的重用。希特勒則無此氣魄。

秦始皇重視婦女和小孩。希特勒則歧視婦女和小孩。

秦始皇還修了路、統一了文字。雖然那是出於鞏固反動統治的目的，客觀上卻是有一定的積極意義的。希特勒則什麼好事也沒幹。

魯迅這篇文章，主旨是比較秦始皇和希特勒在燒書這件事上的異同。在一般論文，只要對比二者在燒書上的異同就可以；但在率性而談的雜文，卻不必受這個限制，可以涉筆成趣寫些題外的話。但是，必須看到，魯迅在就二者其他方面的對比中，雖然替秦始皇說了些「好話」，但都是在肯定秦始皇是暴君是反動統治者這個大前提下說的。如果孤立地看取這些對比，就不免導致錯誤的理解了。

「但是結果往往和英雄們的預算不同」，指出二者的同。同在何處？同在兩位「英雄」的「預算」都未能實現。秦始皇預算燒書能幫他的寶座傳至萬世，結果是二世而亡。希特勒預算燒書能幫他吞並奧地利，結果失敗。

關於希特勒意圖吞並奧地利的情況需要作些詮釋。事情是這樣的。希特勒上臺不久，就策劃德奧合併運動，妄圖把奧地利合併過來。奧地利的法西斯政黨國社黨也希望奧地利早日合併於德國，在奧地利本國大肆活動。奧地利總理堅決反對希特勒的合併，在5月間下令除國旗外禁止懸掛一切政黨旗幟。6月，下令解散奧國國社黨。希特勒的預算破滅。

只要認真閱讀全文，就可以知道，魯迅的這篇雜文是非

秦之作，不是頌秦之作。湊趣者們沒有讀懂這篇雜文，以為是頌秦之作，把魯迅請出來替毛澤東助威。他們還在燒書問題上為秦始皇辯護，說什麼秦始皇燒的是反革命的書，希特勒燒的是革命的書。純屬信口開河。關於秦始皇燒的什麼書，《史記‧秦始皇本紀》說得很明確：凡「史官非秦記皆燒之。非博士官所職，天下敢有藏《詩》、《書》、百家語者悉詣守尉雜燒之。」哪裏有所燒都是反革命的書的影子？關於希特勒燒的書，魯迅在文章裏說得很清楚，「他所燒的首先是『非德國思想』的書」，「其次是關於性的書」，怎麼會是革命的書呢？

關於秦始皇與希特勒燒書的反動性，魯迅在寫了《華德焚書異同論》之後五個月的《火》中，有極明快的表述：

> 點燈太平凡了。從古到今，沒有聽到過點燈出名的名人，雖然人類從燧人氏那裏學會了點火已經有五六千年的時間。放火就不然。秦始皇放了一把火——燒了書沒有燒人；項羽入關又放了一把火——燒的是阿房宮不是民房（？——待考）。……羅馬的一個什麼皇帝卻放火燒百姓了；中世紀正教的僧侶就會把異教徒當柴火燒，間或還灌上油。這些都是一世之雄。現代的希特拉就是活證人。（《魯迅全集》第4卷第600頁）

秦始皇和希特勒都是「放火」的「一世之雄」！
這就雄辯地證明瞭湊趣者所言全屬胡說八道。

十三

1974年4月，形勢突然發生重大變化，由批林轉為批當代「大儒」周公即周恩來的運動。

據知道內情的人士透露，1973年2月，基辛格第五次訪華期間，周恩來向基辛格提出中美進行軍事合作的建議。毛澤東事後聞訊勃然震怒，下令召開政治局擴大會議批周。毛澤東聳人聽聞地指斥周恩來，說他怕蘇聯人怕得要死，如果蘇聯打到中國來，就跑到美國的核保護傘下當美國人的兒皇帝。政治局擴大會議開了半個多月，按照毛定下的調子，批周外交上的投降主義，賣國主義。後來由於周恩來病情加重，不得不停下來。但所謂「評法批儒」運動卻在報刊上猛烈進行。大量文章把中國歷史歸結為儒法兩家的鬥爭史，說什麼儒家要復辟，法家反覆辟，從封建社會到社會主義社會都貫穿這個問題。江青露骨聲稱：「這次運動的重點是批『現代的儒』，批『黨內的大儒』。」所謂「現代的儒」、所謂「黨內的大儒」，指的就是周恩來。這年《紅旗》第4期發表《孔子其人》，說孔子「重病在床」，「還拼命掙扎著爬起來搖搖晃晃地去朝見魯君」，是個「開歷史倒車的復辟狂」。影射惡攻周恩來。

有人認為這個批周荒誕劇是江青策劃製造的，未免把江青的能耐估計過大了。一個有力證明：1974年6月，毛澤東的外孫姪女時任外交部高級官員的王海容，去看望毛澤東。談話中毛澤東表示了對周恩來很大的不滿。毛澤東最後拋出一句：「現在是到了批周公的時候了。」王海容衣袋裏藏著個袖珍錄音機，這在別人是絕對不敢的。她回到部裏之後，就煽風點火，和江青配合，把外交部變成了批周的一大據點。她的行動深得毛澤東讚賞，把她從司長提升為副部長。「四人幫」垮臺後，群眾追究王海容反周的根子。王海容見情況不妙，如果不把真正的根子交代出來，就得成為「四人幫」的同夥罪犯。她把錄音帶交出來，錄音帶放出毛澤東的聲音：「現在是到了批周公的時候了。」領導嚇住，不敢再追究下去。

配合毛澤東把周恩來定為「賣國主義」，許多小冊子炮製

出孔老二是歷來賣國賊的祖師爺的奇聞。有一段文章這樣說：

> 魯迅批孔的一個特點是什麼呢？就是批孔與批賣國賊相
> 連接。魯迅告訴我們大家，凡是尊孔的都是賣國的。北
> 洋軍閥段祺瑞是這樣，新軍閥蔣介石也是這樣。這對於
> 我們今天認識林彪一類的賣國賊真面目有現實的意義。
> 林彪繼承他們的衣鉢，尊孔賣國，現在的「大儒」難道
> 就不是這樣嗎？

含血噴人，惡毒之極，但是卻把毛澤東批「大儒」的罪惡
面目，映照得一清二楚。

十四

1974年末，毛澤東感到國內秩序混亂、經濟滑到了崩潰的
邊緣，亟需整頓，覺得不把一些老人重新請出來無法挽救當前
危機，於是對周恩來態度發生180°的大轉變，讓周出來籌備四
屆人大的工作。毛澤東還同意把鄧小平從流放地請回來，安排
他為中央第一副主席、軍委副主席和總參謀長。在周恩來治病
期間，由鄧小平代理總理職務。鄧小平恢復工作後，排除種種
阻擾，克服種種困難，對各項工作進行了全面整頓。他大力抓
生產，整頓企業內部管理制度，引進先進技術，同時加強科研
工作，恢復知識分子的工作，力促教學正常化。大刀闊斧，迅
速改變原先面貌。

不久，毛澤東就覺得全面整頓有否定文革的危險，加上
他身邊的聯絡員他的侄兒毛遠新不斷進讒言，毛澤東認為鄧小
平和周恩來已經滑到向資產階級投降的邪路上去，決定緊急剎
車，對周恩來、鄧小平來個大逆擊。這就有了1975年矛頭指向

周恩來和鄧小平的所謂評《水滸》運動。

　　毛澤東那個時候視力出問題，請了一位北師大古典文學教師蘆荻為他讀古書。1975年8月14日，毛澤東在同蘆荻談話時就《水滸》發表了這樣一些看法：

　　　　《水滸》這部書，好就好在投降。做反面教材，使人民都知道投降派。

　　　　《水滸》只反貪官，不反皇帝。屏晁蓋於一百零八人之外。宋江投降，搞修正主義，把晁的聚義廳改為忠義堂，讓人招安了。宋江同高俅的鬥爭，是地主階級內部這一派反對那一派的鬥爭。宋江投降了，就去打方臘。

　　　　這支農民起義隊伍的領袖不好，投降。李逵、吳用、阮小二、阮小五、阮小七是好的，不願意投降。

　　　　魯迅評《水滸》評得好。他說：「一部《水滸》，說得很分明：因為不反對天子，所以大軍一到，便受招安，替國家打別的強盜——不『替天行道』的強盜去了。終於是奴才。」

　　　　金聖嘆把《水滸》砍掉了二十多回。砍掉了，不真實。魯迅非常不滿意金聖嘆，專寫了一篇評論金聖嘆的文章《談金聖嘆》。

　　　　《水滸》百回本、百二十回本和七十一回本，三種都要出。把魯迅的那段評語印在前面。

　　在毛澤東這個談話的指引下，一場所謂「評水滸」的運動迅速展開。

　　9月4日，《人民日報》發表了《開展對〈水滸〉的評論》的社論，拉開了所謂「評《水滸》」運動的帷幕。社論指出：「遵照偉大領袖毛主席的指示，本報和其他報刊開始了對《水

滸》的評論和討論。」「這是我國政治思想戰線上的又一次重大鬥爭」。社論號召「團結一切可以團結的力量,批判修正主義,把社會主義革命和建設推向前進。」

社論明確指出,這個評論《水滸》的運動是最高一人發動的。

社論還明確地把評論《水滸》同批判修正主義連接起來,指出,這是我國政治思想戰線上的又一次重大鬥爭。

緊接著,《紅旗》第9期以編輯部寫的《重視對〈水滸〉的評論》帶頭,集中發表了五篇評《水滸》的檄文。前面用整頁篇幅刊出魯迅一段語錄,那就是毛澤東在蘆荻面前念出,認為「魯迅評《水滸》評得好」的那段:「一部《水滸》,說得很分明:因為不反對天子,所以大軍一到,便受招安,替國家打別的強盜——不『替天行道』的強盜去了。終於是奴才。」

可笑的是,毛澤東把《水滸》讀歪了。他認為《水滸》「好就好在投降。做反面教材」。《紅旗》編輯部《重視對〈水滸〉的評論》跟著說:「它指出了《水滸》的要害是『受招安』,即投降」。「《水滸》這部書,好就好在寫了投降的全過程,歌頌了投降主義路線」。清華大學、北京大學大批判組的文章,乾脆把題目叫做「一部宣揚投降主義的反面教材——評《水滸》」。所有的評《水滸》的文章都在這個調子上展開批判。

事實上,《水滸》這部書,如魯迅所說,「是集合許多口傳,或小本《水滸》故事而成的」(《中國小說的歷史發展》,《魯迅全集》第9卷第140頁)。最後的綴集者也不可能是一個人,因而立場觀點前後並不一致。就一百二十回的本子說,總的看來,前七十回的作者是站在反投降的立場的;後五十回的作者才是站在投降的立場上的,毛澤東只就後五十回立論,把整部《水滸》定為宣揚投降的書,是十分片面,極其錯誤的。他還

認為魯迅和他同調，也認為《水滸》是一部宣揚投降的書，這是對魯迅的一廂情願的誤讀。從魯迅論《水滸》的話裏，是得不出「它指出了《水滸》的要害是『受招安』，即投降」的論斷來的，也得不出魯迅認為《水滸》是一部宣揚投降的反面教材的論斷來的。魯迅的意思是說，《水滸》十分清楚地寫出了宋江們投降的原因和投降後的情況，寫出了他們終於是奴才的原因和過程，根本沒有涉及《水滸》這部作品對宋江們的態度如何。魯迅在他的題為《流氓的變遷》的雜文裏，評的是《水滸》中的宋江們，而不是評《水滸》這部作品。毛澤東認為魯迅是在評《水滸》，這就不知悖到哪裏去了。

需要看看這些文章怎樣在評《水滸》的幌子下對周恩來、鄧小平進行惡攻的。限於篇幅，這裏只從《紅旗》編輯部寫的《重視對〈水滸〉的評論》選出兩處，稍加掃描：

> 宋江的反革命道路證明：搞修正主義，必然要當投降派，出賣革命，充當反動派的走狗。這是一切修正主義者的特點。劉少奇、林彪推行修正主義路線，就是對內搞階級投降主義，對外搞民族投降主義。從古代投降派宋江的身上，可以看到現代投降主義的醜惡面目。

文章做得古怪：劉少奇早就批倒批臭，成了「死狗」，有什麼必要重提？林彪已經在前一階段的「批林批孔」運動中批倒批臭，有什麼必要再提？這裏，顯出了短評和他們的主子的卑怯。既要影射攻擊周恩來、鄧小平等人，又不敢明白地把針對的對象點出來。

> 運用馬克思主義的觀點，進行階級分析，《水滸》所描寫的宋江同高俅的鬥爭，其實質是地主階級內部這一派

反對那一派的鬥爭。宋江是地主階級內部一個派別的代表人物，他不反對皇帝這個地主階級利益的最高代表，他反對貪官，不過是為了效忠於皇帝，維護反動的封建統治，在統治階級內部爭得一席地位而已。認清宋江這一階級本質，對於我們識破修正主義的欺騙性和危害性是很有意義的。為什麼宋江能起到高俅起不到的作用？為什麼高俅的殘酷鎮壓不能打垮梁山農民起義軍，而宋江的投降主義路線卻能很快瓦解這支隊伍？這是因為，鑽進農民革命隊伍的宋江以他同高俅的「鬥爭」掩蓋了他們同屬地主階級的實質，掩蓋了他們之間的矛盾不過是地主階級內部一派反對一派的矛盾。這樣，宋江就有機可乘，使投降主義路線得逞。

這段話提出的「宋江同高俅的鬥爭，其實質是地主階級內部這一派反對那一派的鬥爭」，也是從毛澤東那裏剽過來的。毛澤東在蘆荻面前說：「宋江同高俅的鬥爭，是地主階級內部這一派反對那一派的鬥爭。」

把這段隱射攻擊的黑話來一個破譯，就是：認清宋江的階級本質，對於我們識破周恩來、鄧小平之類修正主義的欺騙性和危害性是很有意義的。為什麼周恩來、鄧小平們能起到國內外反動派起不到的作用？這是因為，鑽進革命隊伍的周恩來、鄧小平們以他們同國內反動派的「鬥爭」掩蓋了他們同屬資產階級的實質，掩蓋了他們之間的矛盾不過是資產階級內部一派反對一派的矛盾。

經過這一破譯，可以看出，短評的作者和他們的總後台對周恩來、鄧小平們的攻擊何等惡毒！

江青對於《紅旗》雜誌的這種遮遮掩掩的做法不滿，9月初，在大寨「全國農業學大寨會議」上，明確指出：

你們不要以為評《水滸》是一個文藝評論，不單純是文藝評論，也不單純是歷史評論。是當代有意義的大事。因為我們黨有十次路線錯誤，今後還會有的，敵人會改頭換面藏在我們黨內。你們看宋江是怎樣處心積慮地排斥晁蓋，架空晁蓋，最後晁蓋第一天死了，第二天他就把聚義廳改為忠義堂。晁蓋那個廳啊叫聚大義，晁蓋托膽稱王啊，他是造皇帝反的，他是聚義，像咱們這樣聚在一塊商量大事。主席說，林彪一類如上臺搞修正主義很容易。

9月17日，在北京，對電影界、新聞界、北大清華寫作組等成員講話時更指出：

評《水滸》是有所指的。宋江架空晁蓋，現在有沒有人架空主席呀？我看是有的。

這就把評《水滸》的現實意義徹底點破。

1976年第一期《紅旗》發表了《評論〈水滸〉的現實意義》，這篇文章是對江青講話的闡發：

毛主席指出：「宋江投降，搞修正主義，把晁蓋的聚義廳改為忠義堂，讓人招安了。」搞修正主義，古代有，現代有，將來還會有。毛主席在這裏概括了宋江推行修正主義、投降主義路線的全過程。（略）從宋江投降的全過程可以清楚地看到，篡改革命路線，搞修正主義、投降主義，對於革命事業的危害是多麼嚴重啊！批判《水滸》所歌頌的這一條投降主義路線，對於我們今天深刻認

識修正主義的危害性，不是一個很好的啟示嗎？

　　毛主席親自領導和發動的無產階級文化大革命，摧毀了劉少奇、林彪兩個資產階級司令部，粉碎了他們復辟資本主義的陰謀，取得了偉大的勝利。但是，無產階級同資產階級的鬥爭並沒有結束，馬克思主義同修正主義的鬥爭並沒有結束。修正主義仍然是當前的主要危險。毛主席曾經指出：「如果說，法國資產階級的國民議會裏至今還有保皇黨的代表人物的話，那末，在地球上全部剝削階級徹底滅亡之後多少年內，很可能還會有蔣介石王朝的代表人物在各地活動著。」同國民黨蔣介石的鬥爭尚且要繼續這樣長的時間，馬克思主義同修正主義的鬥爭就更是長期的了。無產階級文化大革命從開始到現在不過九年多，如果認為不會有人再搞修正主義，沒有人翻文化大革命的案，那就未免太天真了。前一個時期，教育界出現的一些奇談怪論，就直接關係到肯定還是否定無產階級文化大革命的大是大非問題。毛主席提出的「教育要革命」，是在上層建築領域裏加強無產階級對資產階級全面專政的一項重要任務。教育界的奇談怪論攻擊「教育革命總沒有解決好」，開門辦學「不講文化」，大學生的水平「不如過去中技高」，集中到一點，就是現在應該「扭」回到劉少奇修正主義教育的老路上去。如果讓這種修正主義占統治地位，那麼，就像宋江把聚義廳改為忠義堂一樣，學校就會由無產階級專政的工具復辟為資產階級專政的工具，教育革命的成果就會被斷送掉。

　　我們聯繫當前兩個階級、兩條道路鬥爭的實際，就會認識到毛主席關於評論《水滸》、「使人民都知道投降派」的現實意義是很深刻的。宋江搞修正主義，有其

特定的歷史的和階級的內容，但是，在改變革命路線、
篡奪領導權、否定革命成果、危害革命事業等方面，卻
是古往今來一切修正主義的共同特徵。前一時期，社會
上出現的否定無產階級文化大革命、否定社會主義新生
事物、攻擊教育革命的謬論，就是修正主義這一共同特
徵的具體表現。對這種引導人們去投降資產階級的錯誤
思潮能不能識別？認識不認識它的本質？敢不敢同它進
行鬥爭？這就考驗著我們是不是真正「知道投降派」。
把歷史的經驗和這一現實的鬥爭結合起來，就能使《水
滸》的評論評得生動深入，使我們進一步認識到開展對
修正主義、投降主義批判的必要性，從而認識階級鬥爭
和路線鬥爭的普遍規律。

　　發表在1975年《紅旗》上的文章，都寫得隱晦曲折，一般
群眾是讀不懂其中的奧妙的。這篇文章倒是相當痛快地把批判
對象明確無誤地點出來了，那就是全面整頓頗見成效深受群眾
擁戴的鄧小平。文章把鄧小平和蔣介石並論，殺氣騰騰，凶
相畢露。這，才是一場你死我活的階級鬥爭。這篇文章發表在
《紅旗》上，不取得毛澤東的默許，是不可想像的。
　　從《紅旗》在魯迅的語錄上做的文章，就可以看出毛澤東
對於魯迅的利用，達到了何等惡毒的地步了。

十五

　　「史無前例」的十年期間，魯迅成了詭譎多變的毛澤東呼
風喚雨玩弄權術的幫手。一會兒是打倒周揚的幫手，一會兒是
打倒劉少奇的幫手，一會兒是打倒林彪的幫手，最後，竟把魯
迅變成打倒周恩來、鄧小平的幫手。

不少人都說，魯迅在文革中被「神化」了。這顯然是很大的誤解。魯迅被侮弄被褻瀆到如此匪夷所思的地步，哪裏還有什麼「神化」的影子！這倒讓我們領悟到，像徐懋庸那樣罵魯迅，向魯迅潑污水，固然是褻瀆；但是，不以任何惡語相加，甚至以令譽相贈，也可能是褻瀆，甚至是更可怕的褻瀆。這，應該是我們從毛澤東那裏獲得的一項極為寶貴的認知。

　　「毀或無妨，譽倒可怕，有時候是『汲汲乎殆哉』的。」（魯迅《做古文和做好人的秘訣》，《魯迅全集》第4卷第269頁）旨哉斯言！

　　1976年9月9日，毛澤東去世。1976年10月6日，以毛澤東夫人江青為首的「四人幫」覆滅。有人說：「文革實際上是毛澤東和江青開的夫妻老婆店。毛是舵手、是發動者，江青是文革女老闆、女掌櫃。」這似戲言，卻是事實。現在這個夫妻老婆店已經垮臺，魯迅被惡用的厄運也終於結束了。

柒、

結語

柒、

結語

毛澤東在《講話》中談到功利主義的時候說：「唯物主義者並不一般地反對功利主義，但是反對封建階級的、資產階級的、小資產階級的功利主義，反對那種口頭上反對功利主義、實際上抱著最自私最短視的偽善者。」（《毛澤東選集》第3卷第864頁）毛澤東在對待魯迅的態度上，只有第一個階段是正確的，那是「以占全人口百分之九十以上的最廣大群眾的目前利益和將來利益的統一為出發點的」。後四個階段的出發點，都是不正確的。隨著毛澤東個人權力意志的不斷膨脹，到了史無前例的文化大革命時期，更是離譜到史無前例的地步。毛澤東在《講話》中談到功利主義的時候，對資產階級和小資產階級的「最自私最短視的功利主義」表示了莫大的鄙視。但是，毛澤東在文化大革命中惡用魯迅的行動，偏偏就是「最自私最短視的功利主義」。

他的這個功利主義是屬哪個階級的呢？屬資產階級？屬小資產階級？都沒有說到點子上。我認為，既不單獨屬小資產階級，也不單獨屬資產階級。毛澤東在文革中的的功利主義，應該是這樣三個階級的混合體，即，沒落的封建階級，沒落的資產階級，沒有沒落的流氓無產階級。

只有這樣理解，才是接觸到問題的實質。

魯迅曾經表述過他對於自己被利用的態度：

> 譬如一匹疲牛罷，明知不堪大用了，但廢物何妨利用
> 呢，所以張家要我耕一弓地，可以的；李家要我挨一轉

磨，也可以的；趙家要我在他店前站一站，在我背上貼出廣告道：敝店備有肥牛，出售上等消毒滋養牛乳。我雖然深知道自己是怎麼瘦，又是公的，並沒有乳，然而想到他們為張羅生意起見，情有可原，只要出售的不是毒藥，也就不說什麼了。但倘若用得我太苦，是不行的，我還要自己覓草吃，要喘氣的工夫；要專指我為某家的牛，將我關在他的牛牢內，也不行的，我也許有時還要給別家挨幾轉磨。如果連肉都要出賣，那自然更不行，理由自明，無須細說。倘遇到上述三不行，我就跑，或者索性躺在荒山裏。即使因此忽而從深刻變為淺薄，從戰士化為畜牛，嚇我以康有為，比我以梁啟超，也都滿不在乎，還是我跑我的，我躺我的，決不由此再上當，因為我世故實在太深了。（《〈阿Q正傳〉的成因》，《魯迅全集》第3卷第376-377頁）

魯迅對於他的被人利用是相當寬容大度的，但是不能超越「三不行」這條界限。毛澤東對他的利用到後來顯然是遠遠超過界限了。魯迅大概不會想到，他在去世之後，連「我跑我的，我躺我的」自由也被剝奪殆盡，非得要他出來扮演種種匪夷所思的角色不可，在天堂上也不得安寧。

最後，容我用魯迅的話來結束這本卑之無甚高論的小書：

無論什麼黑暗來防範思潮，
什麼悲慘來襲擊社會，
什麼罪惡來褻瀆人道，
人類的渴仰完全的潛力，
總是踏了這些鐵蒺藜向前進。

生命的路是進步的，

總是沿著無限的精神三角形的斜面向上走，

什麼都阻止他不得。

（《生命的路》，《魯迅全集》第1卷，第368頁）

　　　　二〇一四年一月二十一日脫稿。時年九十有四。

附錄

「橫眉冷對」一聯小釋

附錄

「橫眉冷對」一聯小釋

　　魯迅的七律《自嘲》，早已成為魯迅舊體詩中最膾炙人口的名篇。其中「橫眉冷對千夫指，俯首甘為孺子牛」一聯，已被公認為魯迅精神最生動最集中的藝術概括。這一聯中的「千夫指」和「孺子」，歷來有兩種理解。對於「千夫指」，一種認為這是一個不可分割的詞組，意為千夫所指的人物，即獨夫。一種認為應該把「千夫指」拆開來理解，「千夫」意為各種各樣的敵人，「指」意為敵人的迫害。對於「孺子」，一種認為指魯迅自己的兒子，一種認為指人民大眾。解放以後，後兩種理解都占了絕對上風。這是同《講話》的權威性相關的。其實，《講話》的理解是不符合魯迅的原意的。

　　先看前半聯。

　　無論是把「千夫指」作為一個不可分割的詞組來理解，還是把它拆開來理解，作為結果，並無太大的不同，只是一指敵人的總頭目，一指各種各樣的敵人而已。我以為，二說都不妥。

　　魯迅這首七律寫於1932年10月12日。我們不妨就從1932年4月24日《三閑集·序言》這一篇文章，略窺魯迅「橫眉冷對」的是不是僅僅敵人。

　　「有些人們每當意在奚落我的時候，就往往稱我為『雜感家』，以顯出在高等文人的眼中的鄙視」。——「橫眉冷對」的對象：「某些高等文人」。

　　「一月二十八日之夜，上海打起仗來了，越打越凶，終於使我們只好單身出走，書報留在火線下，一任它燒得精光，我也可以靠這『火的洗禮』之靈，洗掉了『不滿於現狀』的『雜

感家』這一惡諡。」——「橫眉冷對」的對象：梁實秋。魯迅在《新月社批評家的任務》中說：「新月社中的批評家，是很不以不滿於現狀的人為然的，但只不滿於一種現狀，是現在竟有不滿於現狀者。」

「但我到了上海，卻遇見文豪們的筆尖的圍剿了，創造社，太陽社，『正人君子』們的新月社中人，都說我不好，連並不標榜文派的現在多升為教授的先生們，那時的文字裏，也得時常暗暗地奚落我幾句，以表示他們的高明。我當初還不過是『有閒即是有錢』，『封建餘孽』或『沒落者』，後來竟被判為主張殺青年的棒喝主義者了。」——「橫眉冷對」的對象：創造社、太陽這、新月社中人、不標榜文派的某些先生們。尤其是黎初梨、郭沫若、成仿吾。「有閒即是有錢」，語出黎初梨。「封建餘孽」，語出郭沫若，「沒落者」，語出成仿吾。

「我將編《中國小說史略》時所集的材料，印為《小說舊聞鈔》，以省青年檢查之力，而成仿吾以無產階級之名，指為「有閒」，而且「有閒」竟至於有三個，卻是至今不能完全忘卻的。我以為無產階級是不會有這樣鍛鍊周納法的，他們沒有學過「刀筆」。編成而名之曰《三閒集》，尚以射仿吾也。」——「橫眉冷對」的對象：成仿吾。

僅從上面有限的幾個例子就可以看出，魯迅「橫眉冷對」的對象，固然有反動派以及依附於他們的文人，這些確實是敵人；但也有不少並不是反動派，不是敵人。他們有的受傳統的美學觀念浸染過深，如奚落魯迅為「雜感家」的人們中的部分人物；更有一些則是同一營壘中人，如創造社、太陽社中人。僅從上面的例子就足以表明，把「千夫指」或「千夫」僅僅理解為敵人，是不符合魯迅的本意的。尤其有意思的是第三條引文，在那裏，魯迅把創造社、太陽社中人和新月社中人相提

並論,給以完全一致的「橫眉冷對」的待遇。新月社中人,由於他們公開表示了他們的反共立場,當時的左翼文化戰線是把他們視為敵人的。在當時反動派正瘋狂圍剿中國共產黨,階級鬥爭極其尖銳的情勢下,這是完全可以理解的。而魯迅對創造社、太陽社中攻擊他的人,始終沒有把他們作為敵人對待,而且自兩年前左聯成立以來已經成為共同事業的戰友;然而魯迅在1932年寫《三閒集》的序言回顧到當年情況時,仍毫不隱瞞自己當年的感情,把他們同梁實秋列入同一「橫眉冷對」的行列。這就更有力的表明,把「千夫指」或「千夫」僅僅理解為敵人,是怎樣悖於事理了。

但是,如果以為「千夫指」或「千夫」的內涵除了敵人之外僅僅還包含以極左姿態對待魯迅的某些戰友和思想意識有問題的文人,那也把問題看得簡單化了。必須從更深的層次,更廣闊的視野,從總體的把握上看取魯迅「橫眉冷對」的對象和「橫眉冷對」的精神。

早在辛亥革命前夕,魯迅從改造舊中國的高遠的戰略要求出發,把敢於「獨戰多數」的精神懸為黑暗王國最先覺悟的「精度界之戰士」的最寶貴的性格。本著這一認識,他呼喚「剛毅不撓,雖遇外物而弗為移」的「具有絕大意力之士」;本著這一認識,他讚揚易卜生筆下的「以更革為生命,多力善鬥」、「怍萬眾不攝之強者」;本著這一認識,他對易卜生的一個人物的「世界上最強的人是最孤立的人」的宣言給予熱烈推崇。魯迅當時懸為「獨戰」對象的「多數」,既包括反動統治者及其走卒,也包括廣大不覺悟的、自私猥劣的各種各樣的群眾,即庸眾。反抗反動統治者,反抗庸眾,這是「獨戰多數」的內容。魯迅認為,要根本改變中國的面貌,覺醒了的少數「精神界之戰士」,必須首先具備這種精神,這種人格力量。自然,對於反動統治者和對於群眾,反抗的方式有所不同:對前者,用革命的方法;對後者,

通過思想啟蒙的途徑。由於反動統治者和庸眾是多數，覺醒了的「精神界之戰士」是極少數，因而在反抗鬥爭的艱巨過程中，非具有「忤萬眾不懾」的「絕大意力」不可。魯迅的作為中國現代文學奠基之作的《狂人日記》，其中的狂人，就是這樣一個「剛毅不撓」、具有「獨戰多數」的大勇精神的戰士。《補天》中的女媧，《鑄劍》中的黑色人，都是「獨戰多數」的大勇精神的光輝體現者。魯迅對於這些人物的熱烈謳歌，在某種意義上，就是對「獨戰多數」的大勇精神的謳歌。魯迅在《在酒樓上》、《孤獨者》中對呂緯甫、魏連殳的痛苦的批判，就是批判他們缺乏「忤萬眾不懾」的「獨戰多數」的人格力量，也就是從反面呼喚「獨戰多數」的大勇精神。

魯迅，不僅是「獨戰多數」的大勇精神的熱烈謳歌者呼喚者，更是「獨戰多數」的堅決無比的實踐者。

且只看五四時期到1932年的活動：

五四時期和其後，同強大的封建勢力戰；

女師大事件中同北洋軍閥政府教育總長章士釗和以陳源為首的「正人君子」戰；

廣州「四一五」反革命政變後同國民黨右派戰；

到上海後與新月派的挑釁戰；

與創造社、太陽社的圍攻戰；

左聯成立後同反革命文化圍剿戰；

同左聯內部的左傾路線戰；

同國民種種劣根性戰；

與反動派血腥的白色恐怖的威脅戰；

等等等等，都是「獨戰多數」的大勇精神的光輝體現。

明乎此，就不難懂得為什麼不能把「橫眉冷對千夫指」的「千夫指」理解為千夫所指的獨夫，也不應該把「千夫」理解為各種各樣的敵人了。「橫眉冷對千夫指」，就是「忤萬眾不

儡」的一種新的表述法。這裏,「千夫指」中的「千夫」,確實應該同「指」分割開來理解;「千夫」,就是魯迅與之「獨戰」的各種各樣的對象。「千夫」的「千」,這個表示數目眾多的量詞,是絕對不宜忽視的。不用這個詞,就無由表達獨戰「多數」的氣概和抱負,就無由表達魯迅面對改造舊中國嚴峻課題的深廣憂憤。如果我們承認,《自嘲》這首詩裏有著魯迅自己幾十年來戰鬥道路和戰鬥性格的總結,那就更應該這樣理解「千夫」的含義了。

不用說,魯迅後期已經成為共產主義者,在「獨戰多數」的要求上,與早期乃至前期,都有了一些不同的新的內容;如,前期「獨戰多數」重在思想文化領域,後期則把政治領域放到更重要的位置上;前期「獨戰多數」的主要武器是革命民主主義,後期則是馬克思主義。但是,魯迅堅持「獨戰多數」的精神是一致的。

再看後半聯。

「孺子牛」的最初出處,在《左傳》。齊國大將鮑子曾對齊景公說,你忘了當孺子牛牙齒被折斷的事嗎?原來齊景公曾經銜繩當牛,讓兒子牽著走。不料兒子摔倒在地,他的牙齒也被猛然一抻折斷了。清代一位秀才錢季重,有三個兒子,溺愛過甚,飯後就同他們嬉戲,唯恐不當兒子們的意。他還寫有一聯:「酒酣或化莊生蝶,飯飽甘為孺子牛。」魯迅這首《自嘲》是寫給柳亞子的,詩後題有:「達夫賞飯偷得半聯湊成一律以請亞子先生教正」等語。所謂「偷」,「偷」的就是錢季重的後半聯。「孺子」,指的就是當時三歲的魯迅的兒子海嬰。這是魯迅親自對許廣平解釋的:「『孺子』,是指海嬰,是說我俯首做海嬰的牛。」(欽鴻《與蔣錫金夫婦聊天》,《新文學史料》2006年第3期)表示魯迅願意像齊景公和錢季重那樣疼愛海嬰。

魯迅在前半聯表示了對於迫害他、攻擊他以及不瞭解他的人們的「獨戰多數」的威武不屈的精神，這後半聯表現了對自己兒子的疼愛，似乎不夠嚴肅。然而我們應該看到魯迅這首詩的整體風格，如《自嘲》這個富有詼諧意味的題目所表示，全詩是以調侃風趣的筆調寫出，以不夠嚴肅之筆，抒發了嚴肅的愛愛仇仇的情懷。這一聯，以後半聯的不夠嚴肅，突出了前半聯藐視「多數」的極其嚴肅的戰鬥立場。

　　總之，把「千夫」解釋為敵人，把「孺子」解釋為人民大眾，如果作為對原句賦予新意化而用之的發揮，是無可非議的，但把它說成就是魯迅的原意，唐突魯迅了。

Do人物30　PC0453

毛澤東之於魯迅
——從崇敬到惡用

作　　者／葉德浴
責任編輯／段松秀、李書豪
圖文排版／莊皓云
封面設計／蔡瑋筠

出版策劃／獨立作家
發 行 人／宋政坤
法律顧問／毛國樑　律師
製作發行／秀威資訊科技股份有限公司
　　　　　地址：114 台北市內湖區瑞光路76巷65號1樓
　　　　　電話：+886-2-2796-3638　傳真：+886-2-2796-1377
　　　　　服務信箱：service@showwe.com.tw
展售門市／國家書店【松江門市】
　　　　　地址：104 台北市中山區松江路209號1樓
　　　　　電話：+886-2-2518-0207　傳真：+886-2-2518-0778
網路訂購／秀威網路書店：https://store.showwe.tw
　　　　　國家網路書店：https://www.govbooks.com.tw

出版日期／2015年8月　BOD一版　定價／240元

|獨立|作家|
Independent Author

寫自己的故事，唱自己的歌

毛澤東之於魯迅：從崇敬到惡用 / 葉德浴著. -- 一版.
　-- 臺北市：獨立作家, 2015.08
　　面；　公分. -- (Do人物；PC0453)
BOD版
ISBN 978-986-5729-86-8(平裝)

1. 周樹人　2. 傳記

782.884　　　　　　　　　　104008848

國家圖書館出版品預行編目

讀者回函卡

感謝您購買本書，為提升服務品質，請填妥以下資料，將讀者回函卡直接寄回或傳真本公司，收到您的寶貴意見後，我們會收藏記錄及檢討，謝謝！如您需要了解本公司最新出版書目、購書優惠或企劃活動，歡迎您上網查詢或下載相關資料：http:// www.showwe.com.tw

您購買的書名：_____

出生日期：_____年_____月_____日

學歷：□高中 (含) 以下　　□大專　　□研究所 (含) 以上

職業：□製造業　□金融業　□資訊業　□軍警　□傳播業　□自由業

　　　□服務業　□公務員　□教職　　□學生　□家管　　□其它_____

購書地點：□網路書店　□實體書店　□書展　□郵購　□贈閱　□其他

您從何得知本書的消息？

　　□網路書店　□實體書店　□網路搜尋　□電子報　□書訊　□雜誌

　　□傳播媒體　□親友推薦　□網站推薦　□部落格　□其他_____

您對本書的評價：（請填代號　1.非常滿意　2.滿意　3.尚可　4.再改進）

　　封面設計____　版面編排____　內容____　文／譯筆____　價格____

讀完書後您覺得：

　　□很有收穫　□有收穫　□收穫不多　□沒收穫

對我們的建議：_____

_____

_____

_____

11466
台北市內湖區瑞光路 76 巷 65 號 1 樓
獨立作家讀者服務部 收

....

（請沿線對折寄回，謝謝！）

姓　　名：_____　年齡：_____　性別：□女　□男

郵遞區號：□□□□□

地　　址：_____

聯絡電話：(日) _____ (夜) _____

E-mail：_____